ほんとうの会議

ネガティブ・ケイパビリティ実践法

帚木蓬生

講談社現代新書

2768

はじめに

ミーティングとは何だろうかと、考え出したのは、一九九〇年前後にギャンブル症の治療を始めて十年ほどが経ったときです。

ギャンブル症の治療には自助グループのミーティングが有効だとは聞かされても、当初は本当に効くのかなと半信半疑でした。しかし患者さんたちが回復していく姿を見続けるに従い、これは本当だと確信するようになったのです。

次に湧いた疑問は、このミーティングのどこが有効なのかでした。自助グループのミーティングは当事者が中心ですから、私たち医療従事者は、そのミーティングを見学するのみです。最後に感想を求められることはあっても、議論に参加はしません。

こうして単科精神病院で十八年、メンタルクリニックを開業して十七年、ギャンブル症の治療に関与して、もう三十五年以上が過ぎました。その間に診たギャンブル症の患者さんとその家族は、優に千人を超えます。

この病気は実に厄介で、病気になるのはいとも簡単なのに、そこからの回復は大変な手間暇がかかります。ギャンブル症者は、例外なく三ザル状態になっています。いわゆる見ザル、聞かザル、言わザルです。自分の病気が見えない、他人の助言を聞かない、自分の考えを言わない、のです。

もうひとつ、三だけ主義にもなっています。自分だけよければいい、金だけあればいい、今だけよければいい、という主義です。家族への愛情など知ったことか、友情や道徳よりも大切なのは金だ、将来のことなどどうでもいい、今さえよければいい、という恐ろしい人間になります。

ギャンブル症者に犯罪がつきものなのも、そのためなのです。妻の財布からお札を抜くのは序の口で、子供の貯金も盗みます。家財も売り払うか、質屋に入れて換金します。同僚からの窃盗、職場での横領や、詐欺、闇バイトでの強盗など、枚挙すればきりがありません。

このような人間性を喪失してしまった人たちが、ミーティングによって立ち直る姿を見るたび、驚かされました。何の薬も使わず、世に過大評価されているカウンセリングとしていません。唯一、ギャンブル症者を回復させているのはミーティングでした。

このミーティングを隅のほうで、聞かせてもらう間に、通常の会議とは異なる特殊な構造に気づいたのは世紀が変わる頃でした。

自助グループのミーティングには、ありきたりな会議につきものの討議がないのです。結論もありません。当事者はそこに参集し、他のメンバーの話を聞き、自分もしゃべって散会するだけなのです。掛け値なしの「言いっ放し、聞きっ放し」です。

ミーティングが終わると、見学していた看護師やソーシャルワーカーは、「何かひと言」と進行役から訊かれます。すると例外なく、口を揃えて「感激しました」と答えます。それはそうでしょう。自分たちが毎日毎週嫌になるほど繰り返しているミーティングや会議とは、天と地ほども違うからです。日頃の病棟のミーティングで、感激することなど一切ないのが普通です。しかし、自助グループのミーティングには感銘を受けるのです。

この見学者を感動させ、当事者たちを回復させる要因はこれではないかと、思い当たるようになったのは二〇一〇年頃です。その時期、オープン・ダイアローグという治療法が精神科の治療に紹介されました。この治療法の起源はフィンランドの西ラップランドで、一九八〇年代から試行され、一九九〇年代半ばになると、精神病の危機にある人の治療法として確立されました。

オープン・ダイアローグの要点をいくつかに絞ると、①対話は手段ではなく、それ自体が目的であり、治療はその副産物である、②対話の目的は、単純な合意や結論に至ることではなく、③参加者全員から多様な表現が生まれるのを重視する、です。

実際には、精神病の危機が解消するまで、治療チームはその人のもとに毎日でも赴き、対話を重ねます。そうするうちに、いつの間にか精神の危機にある人が、危機を脱するというのです。

このオープン・ダイアローグの概念を知ったとき、これはどこかネガティブ・ケイパビリティと似た面があるなと、私は直感しました。ギャンブル症を回復させる自助グループのミーティングも、一種のネガティブ・ケイパビリティの発揮を必要としま す。つまり、どこまでも、「答えの出ない事態に耐え」続ける必要があるからです。

ネガティブ・ケイパビリティとは、英国の詩人ジョン・キーツ（一七九五―一八二一）が一八一七年十二月、弟二人に宛てた手紙の中で、たった一度書き記した概念です。性急に事実や理由を求めず、不確実さや不可思議さ、懐疑の中にいることができる能力を指します。これこそが詩人に求められる資質だと説きました。百五十年後、この概念に光をあてたのが、英国の精神科医ウィルフレッド・R・ビオン（一八九七―一九七九）でした。生身の人と人が接する精神療法の場において、治療者が保持しなければならないのが、この能力だとしたのです。

実際にオープン・ダイアローグの技法を検討すると、その要素のひとつに「ネガティブ・ケイパビリティ」が明示されていたので大いに得心しました。

ひるがえって、私たちが小さい頃から親しんでいるミーティングや会議は、自助グループのミーティングやオープン・ダイアローグとは根本から違っています。

私たち医療従事者が行っているミーティングも、型は決まっています。治療チームでは、患者さんひとりに対して、治療目標と治療計画を立て、日々それに沿った治療ができているか検討します。問題が生じればまたミーティングを開き、新たな解決策を探ります。そして結論を出すのが通常です。

世の中で長い間、何気なく実施されている会議、ミーティングも似たようなものでしょう。まず討議事項が決定され、各自が意見を述べ合い、その集約がされます。最後に結論が出されて、散会です。

あるいは朝礼のように、「今週はこれを目的にやりましょう」というような上意下達のミーティングもあるかもしれません。

これらのいずれもが、自助グループのミーティングやオープン・ダイアローグとは月とスッポンほどに違います。

本書で提案するのは、全く新しい形の会議とミーティングです。人が人生のうちで会議に消費する時間は、案外膨大な量のような気がします。中には全く形骸化して、時間だけを空費しているミーティングがあるはずです。ましてや、会議やミーティングで人が変わり、人生が豊かになる現象など、まず見られないのではないでしょうか。

冒頭で示したようなミーティングの方法を取り入れれば、旧態依然として苔むしたような会議が大きく変わるはずです。人が生きていく上で欠かせないミーティングを有意義なものに転化させれば、人は成長し、人生も豊かになり、組織、ひいては社会そのものも変わっていくでしょう。


本書の第一章では、私が体感した自助グループの詳細を呈示します。ギャンブル症の患者さんたちが、なぜミーティングによって変わっていくのかが、理解できるでしょう。

第二章では、オープン・ダイアローグの骨格とその応用の実際を確認します。その過程で、オープン・ダイアローグの基盤になっている、バフチンのポリフォニー（多声性）にも触れます。ここでも、当事者たちが少しずつ変わっていく光景に圧倒されるでしょう。

第三章では、役に立たないどころか、悪を生み出す会議の具体例を示します。そこでは知らず知らずのうちに会議から害毒が流れ出し、どんな悲惨な結果に至ったかを検証します。またひたすら「解答」を求める行為が陥っている弊害にも焦点を当てます。「解答」があれば「解決」に至るという考えそのものが間違っているのです。「解決」できる問題など、この世には存在しないのです。

そのあとで、真の信頼をかもし出し、やる気を出させ、人を成長させる会議はどういうものかを考えます。私が体験した久野塾の例を取り上げ、その実際を述べます。これこそは将来に希望をもたらすミーティングです。

そして第四章では、自助グループのミーティングとオープン・ダイアローグに内在する、ネガティブ・ケイパビリティの実相をより深く掘り下げます。キーツのネガティブ・ケイパビリティを再発見したビオンに、モーリス・ブランショ（一九〇七―二〇〇三）の「答えは質問の不幸である」を教示したのは、アンドレ・グリーン（一九二七―二〇一二）です。これを受けて、ビオンは「答えは質問を殺す」とまで言明しました。ブランショは「終わりなき対話」の提唱者であり、その実践の場となったのが、「サン・ブノワ通りの仲間たち」でした。

このサン・ブノワ通り五番地の四階にはマルグリット・デュラス（一九一四―一九九六）のアパルトマンがあり、第二次世界大戦後、多くの人々が毎日出入りして対話をし続け、「仲間たち」を形成し、各自多様な道に踏み出し、大きな仕事を成し遂げました。

この章で語られる手に汗を握るドラマは、我が国では初公開になります。

このささやかな書が、日本の会議を根底からひっくり返し、新たな価値を内包したミーティングの出現に、少しでも寄与できれば望外の喜びです。

目次

第一章　ギャンブル脳を回復させるミーティング

厚生労働省から委託された研究班が、二〇二一年に公表した調査によると、国内のギャンブル症の有病者数は百九十六万人です。有病率にすると二・二％（男三・七％、女〇・七％）です。

ギャンブル症は、家族や周囲の友人知人に甚大な被害をもたらします。夫婦喧嘩や家庭崩壊、家庭内暴力や家庭内窃盗は必発です。友人や知人にも借金をしまくり、職場での窃盗、詐欺、横領の他、最近では闇バイトでの強盗殺人も起きています。

ですから、国内に約二百万人の有病者がいるとすれば、その五倍の一千万人がギャンブル症の被害を蒙っている計算になります。まさに糖尿病や高血圧と同じような国民病です。

しかし政府はこの被害を直視して対策を講じるどころか、新型コロナ禍を奇貨として公営ギャンブルのオンライン化を推進しました。一日二十四時間いつでも、どこからでもギャンブルができるようになったのです。違法なオンライン・カジノも野放しであり、さらに大阪の夢洲《ゆめしま》にはＩＲ施設の一環として、二〇三〇年にカジノの開設も決まりました。

従って二百万人の有病者も、今後は三百万人、四百万人と増えるでしょう。米国の統計によると、ギャンブル症者による年間の損失額は、ひとりにつき一万ドルだそうです。目先の利益だけにとらわれていると、国の基礎を揺るがす津波のような損害に襲われるでしょう。

一　ギャンブル脳とは

嘘と借金

ギャンブル症の診断項目は、多岐にわたっています。しかし最も顕著な症状は、嘘と借金です。お金を手に入れるために、朝から晩まで嘘をつきます。嘘までいかなくても言い訳をします。日本には「嘘八百」という言葉がありますが、それではききません。嘘八千、嘘八万、いや嘘八十万です。こうなると本人も、どこまでが嘘で、どこからが本当なのか分からなくなっています。

言い訳もお手のものです。「悪かった」とか「すまない」とは絶対に言わず、言い訳で切り抜けます。この言い訳も嘘と同じく、あたかも脊髄反射のように口から出てきます。

この嘘と言い訳で、人間が、いや脳が変質していくのです。人間らしさを失った鬼、あるいはロボットと化します。いえ、そう言うと鬼とロボットが気の毒です。鬼はギャンブルをしませんし、ロボットは嘘をつきません。

私自身は長年、ギャンブル症の患者さんには、「あなたたちはミミズ以下だ」と言ってきました。ドブに棲むミミズは、魚釣りの餌にするため、子供の頃よく捕りに行きました。このミミズも、上流から毒水が流れてくると、さっと逃げてもうそこには寄りつきません。ところがギャンブル症者は、いくら負けてもギャンブルの場に戻って来るのです。だからミミズ以下なのです。

家庭内ドロボー

冒頭で述べたように、三ザル状態と三だけ主義では、家庭でも職場でもうまくやっていけるはずはありません。「自分の内面を決して吐露しない」言わザルに関しては、ある奥さんが「先生、全くその通りです。この馬鹿亭主と二十年も一緒にいますが、いまだに何考えているのか、さっぱり分かりません」と言うくらいです。職場でも、何を考えているか分からない人間に親友ができるはずはありません。上司も信用しませんし、同僚とて近づいてこないでしょう。

しかし嘘という武器があるので、だまされる可能性は大ありです。この嘘は借金のためで、人を選びません。中学生時代の友人や遠い親戚にも電話をして、借金します。近所にも金を借りまくります。子供の担任教師からも、嘘を言ってお金を借りるのです。

私が鑑定をしたあるギャンブル症の警部補は、同僚や後輩数十人から借金をし、その総額は一千万円を超えていました。これが普通の会社であれば、あいつはおかしいと噂が立つでしょうが、警察組織はそこが違って口が堅いのです。「これは俺とお前だけの話で、外に漏れるとクビになる」と言い含めると、他言はしないのです。

借金と同時に始まるのが、家庭内窃盗です。女房の財布から万札や千円札を抜き取ります。女房が現金を家の中のどこに隠しておいても、それを見つけます。金の匂いが分かるのです。ですから、ギャンブル症の亭主を持つ女房は、どこへ行くにも、全財産を入れた大きなバッグを持ち運んでいます。

被害は大人だけでなく、我が子にも及びます。子供の貯金箱や財布からもお金を盗むのです。ある私の患者さんは、朝食のとき子供が「母ちゃん、うちにはドロボーがおるごたるよ」と言ったので、ドキッとしたと漏らしました。正月明けの、お年玉が貯まったときが、狙いどきだったそうです。

また別の患者さんは、あるギャンブラーズ・アノニマス（GA）の周年行事の際、「いつものように子供の財布を開けたら、〝バカ、盗るな〟と書いた紙片がはいっていました」と、正直に報告していました。

日本最古のギャンブル禁止令

このギャンブルが犯罪に直結する事実は、神代の昔から気づかれていました。日本最古のギャンブル禁止令は、『日本書紀』によると、持統天皇の三年（六八九）に早くも出されています。奈良の大仏が完成した二年後の天平勝宝六年（七五四）の禁止令では、「(ギャンブル症者は）多くの犯罪を犯し、親を尊ばず、職を失う」と明記しています。これは『続日本紀』の記述です。

平安時代の一条天皇も、長徳四年（九九八）に双六禁止令を出しています。鎌倉幕府が十三世紀に出した禁止令に、高々と唱ったのが「ギャンブルは泥棒の始まり」だったのです。

実際にギャンブル症に犯罪はつきもので、何億円にものぼる横領事件や詐欺は、たいていギャンブルによるものです。しかしメディアは、こうした横領や詐欺で得たお金が、何に使われたのか、詳細までは報道しません。二〇一〇年五月から一年五ヵ月の間に、二十六回、子会社の七社から総額百六億八千万円を借り入れて、カジノに費消した大王製紙の元会長などは、例外でしょう。これはさすがに大きく取り沙汰され、結局懲役四年の実刑判決が下されました。

二〇二四年三月になって、にわかに世界中で有名になったのが、アメリカ大リーグの大谷翔平選手の元通訳です。大谷選手の銀行口座から二十億円以上を密かに横領していたのです。この事件後、私は精神科医の同僚たちから、「良かったですね。これでギャンブル症が有名になりますよ」と祝福されました。それまで私が声を大にしてギャンブルの害を説いて回っているのに、反響が少ないのを知っているからです。

米国の調査によれば、一般受刑者の四分の一がギャンブル症にかかっています。日本でも同様な調査をすれば、驚く結果が出るはずです。しかも最近は、オンライン・カジノなどの違法ギャンブルによる借金が増え、闇バイトで殺人や強盗に走る若者もいるので、件数は増大していると思われます。

ギャンブル脳

ギャンブル症者には、実に不思議な妄想じみた思考があります。そのひとつが、「手元にある一万円は、ギャンブルによって十万円、二十万円になる」という考えです。これまで十年二十年とギャンブルを続けて借金をつくったのに、今さら一万円がギャンブルで十万、二十万になるはずがありません。子供でも分かる理屈なのに、ギャンブル漬けの脳は理解できないのです。

もうひとつは、「ギャンブルでこしらえた借金は、ギャンブルで勝って返さなければならない」です。これとて、あり得ないのは明白でしょう。何十年もギャンブルをしてできた借金ですから、今さらギャンブルで勝って返すなど、万が一にもあり得ません。この理屈が、ギャンブル漬けになった脳には通用しません。

これがギャンブル脳です。ギャンブルの行為反復によって、脳が変質してしまったのです。アルコールや覚醒剤の度重なる摂取によっても、脳は変容します。化学物質が脳を侵襲するので、これは当然と言えば当然です。しかしギャンブルでは、何の化学物質も脳には到達していません。しかしこれが曲者《くせもの》で、脳に障害を与える強さは、行為反復のほうが大きいのです。行為反復によって、意志決定や報酬に関する脳の回路が変質するからです。この機序は二〇二四年、京都大学の伊佐正《いさただし》教授らの研究によって明らかにされました。サルを使った実験に光遺伝学の手法を駆使して、中脳から前頭葉に至るドーパミン性の投射経路が報酬予測の意思決定に関与していることが分かったのです。学習したサルは、高い確率で少量のジュースが出る例えば青い点よりも、稀に大量のジュースが出る赤い点を選びます。どのサルもそうで、ハイリスク・ハイリターンを好み、その経路が蓄積して固定すると、もう元に戻りません。

この状態を、ある有名な米国の脳科学者は、「いったんピクルスになった脳は、二度とキュウリには戻らない」と表現しました。私はこれを患者さんには、「いったんタクアンになった脳は、二度とダイコンには戻らんとよ」と言い続けてきました。要するにギャンブル症は治らないのです。治療によって回復《リカヴァリ》があるだけなのです。そのため、ギャンブル症者の治療には多大な困難が伴います。

ギャンブル症者につける薬はない

現在では精神科でも、たいていの疾患に対して、有効な薬がそれぞれ揃っていま す。うつ病や統合失調症、認知症、パニック症、不安症などで薬物療法が実施されています。

しかしギャンブル症に関しては、有効な薬は存在しません。できるとしたらカウンセリングくらいでしょう。いわゆる精神療法で、これには認知行動療法や森田療法などがあります。言葉と指示によって、その人の行動に変容をもたらして生きやすくするのです。

ところが、見ザル、聞かザル、言わザルのギャンブル症者に、治療者が救いの言葉をかけようとしても、耳を閉ざして受けつけません。

考えてもみて下さい。ギャンブル症者に対しては、配偶者を含めて家族が、何十回何百回となく説得を試み続けてきたはずです。わたしの経験では、この説得が成功したという例は、一例もありません。説得など、蛙のツラに小便で、何の効果も期待できないのです。

これは熟練の精神療法家にしてみても同じでしょう。簡単に言えば、聞く耳を持っていないので、何を言っても無駄なのです。

そうしたお手上げの状態の中で、唯一ギャンブル症者を救ってやれるのが、自助グループです。自助グループこそ、ギャンブル症者をギャンブル地獄から救い上げるクモの糸なのです。

二　自助グループの独特なミーティング

ギャンブラーズ・アノニマス

ギャンブル症者の自助グループの代表は、ギャンブラーズ・アノニマス（GA）です。もともと米国生まれで、一九五七年の九月十三日の金曜日、ロサンゼルスでギャンブル症者の二人が出会い、ミーティングを始めたのです。

日本に伝わったのは、それから三十二年後の一九八九年十一月五日です。横浜に十三人が集まって第一回のミーティングが開かれ、十一月十九日に東京の原宿にGA第一号が誕生しました。ついで名古屋（一九九一年）、仙台（一九九二年）、大阪（一九九四年）、北九州（一九九五年）と少しずつ増えていき、一九九七年には横浜、札幌、福岡、高知と一挙に四グループが誕生し、八年間で九グループになりました。

二〇〇九年秋には、ＧＡ日本発足二十周年記念の行事が、東京代々木の国立オリンピック記念青少年総合センターで開催されました。そのとき、国内のＧＡグループの数はちょうど百に達しました。そして二〇二五年一月の時点で、ＧＡ日本は四十六都道府県で二百三十のグループが活動しています。私自身は、各市にひとつ、政令都市では各区にひとつのＧＡがあって欲しいと、長年言い続けています。

幸い私の住む福岡県には二十五のＧＡグループがあって、全国のおよそ一割です。三十数年前からの患者さんたちの努力の賜物です。とはいえ、このＧＡがない県もあり、これは行政の怠慢、精神科医の無関心の結果でしょう。

公営ギャンブルのない県には、パチンコ・パチスロ店が多く進出しているので、日本にはどの県にもおしなべてギャンブル症者がいるはずなのです。

精神科医は、本来なら薬のない疾患にこそ出番なのでしょうが、薬のない疾患は存在しないのと同じで、ギャンブル症などこの世にないものと考えがちです。重大な国民病なのにです。

またこれは、医療従事者一般に言える事実ですが、自助グループが果たす役割を見下す傾向があります。〝素人〟が集まって、何かガヤガヤ語り合ったところで、何ができるのか、自分たちの「正しい」助言や提案を聞いたほうが手っ取り早いのに、という考えです。

しかし自助グループに集い合っている人々が、医療に〝素人〟であるはずがありません。身をもって病気を体験しているのですから、痛みが分かる点では、医師やコ・メディカル・スタッフ以上に〝玄人〟なのです。

ミーティングの実際

さてそのGAのミーティングの実際が、どのような構造と内容になっているのか説明します。たいていの読者がえっと驚くはずです。

日本には二百三十のグループがあっても、ひとグループは週一回だけでなく、二回、三回、グループによっては場所を変えて五、六回ミーティングを開いている所もあります。

ギャンブル症の人たちは、そこに週に一回、できれば二回参加するようにしています。私の患者さんの中には、ギャンブルをやめ始めの頃、毎日どこかのグループのミーティングに通っている人もいました。ギャンブル症者を入院させている病院では、三ヵ月間の入院中に毎日ミーティングを開いています。まさにミーティング漬けの治療です。

ミーティングの部屋は、通常の会議室で、机がロの字型に並べられ、それでも溢れた場合は壁際に補助椅子を並べます。周年行事などで、百人も二百人も患者さんたちが集まったときは、会場がいくつにも分けられます。和室も使われ、円座あるいは卓袱台《ちゃぶだい》を並べて坐ったりもします。要するに、全員が平等に着席して、上座も下座もありません。

とはいえ進行役が必要なので、誰かがどこか中心になるような場所に坐ります。この進行役は、ある程度進行に慣れている人がなります。もちろん固定はしておらず、新参の人も何回か顔を出しているうちに、進行役が回ってきます。

時間は一時間半から二時間が通常で、一時間という短時間の所もあります。この制限時間の中で、全員が発言をするため、進行役は発言が余り長くなりそうな参加者には注意を促します。「時間の分かち合いに協力して下さい」と言うのです。新参者が多い場合、その人たちに時間を多く配分するために、古参の人が発言を短く切り上げます。このあたりはあくまでも臨機応変です。

アノニマス・ネーム

全員が揃ったのを見て、進行役から時計回り、あるいは反時計回りに自己紹介をします。「ギャンブル依存症の○○です」「同じくギャンブル依存症の△△です」「先週入院した××です」と言ったり、古い患者さんであれば、以前はギャンブル症のことを「病的賭博」と言っていたので、「病的賭博症の□□です」と言います。

このときの○○や△△、××、□□は、本名ではなくアノニマス・ネームです。これは自分がつけるもので、いつも嘘ばかり言っていたのを反省して、あるいはマンガの「ワンピース」から拝借して「ウソップ」と言ったり、一心に治療しようと決心して「一心」としたり、大阪出身なので「大阪」と名乗ったり、先輩に既に「大阪」さんがいるので、「新大阪」にしたりと、人さまざまです。

アノニマス・ネームを用いることによって、その患者さんの属性がすべて消え、みんなが平等になります。若者も中高年も同じであり、社長さんも無職の人も平等になります。私自身、患者さんとはアノニマス・ネームで接しているため、本名は診療録を見てやっと思い出すくらいです。治療はゆっくり息長くやろうと考えて、「亀さん」というアノニマス・ネームを持っている人もいます。この方は三十年以上もギャンブルをやめていて、私が年に一回のギャンブル症講演をするとき、必ず手土産に「巌流焼」を持って来てくれます。

ギャンブラーズ・アノニマスとは?

ミーティングの開始は、まずテキストの読み合わせです。実際の文章はこうなっています。

ギャンブラーズ・アノニマスの共同体は、一九五七年に二人の男が偶然に出会ったことから始まった。
この二人はギャンブルに対する強迫的観念のために、トラブルと惨めさに満ちた不可解な人生を過ごしてきた男たちだった。彼らは、定期的に会うようになり、何ヵ月かたつうちに二人とも再度ギャンブルをしないで済むようになった。

彼らは話し合い、スリップ（再度ギャンブルをしてしまうこと）を防ぐためには、自分たちの性格（考え方）を変えていく必要があるという結論に達した。そのために、彼らはあるスピリチュアル（霊的）な原理を道案内として使うことにした。それは何万人もの人々がすでに他の強迫的な嗜癖から回復することができたという原理である。

スピリチュアル（霊的）という言葉は思いやり、寛容、正直、謙虚といった、人間の精神のもっとも崇高で素晴らしい特質を表現していると言うことができる。また、アブスティナンス（ギャンブルをやらないで生きること）には、ほかの強迫的ギャンブラーに、この希望のメッセージを運ぶことがきわめて重要であるとも考えた。

このGAの歴史を語る文章の中には、強迫的ギャンブラーという言葉が出てきます。当時は、大方の嗜癖が強迫症状のひとつと考えられていたからです。病的賭博、病的ギャンブリング、さらにはギャンブル依存症、ギャンブル症になっていくのは一九八〇年以後です。

次の読み合わせは、ギャンブラーズ・アノニマスがどのようなものかを説明している頁《ページ》になります。長文ですが、重要なのでそのまま再録します。

ギャンブラーズ・アノニマスは、経験と力と希望を分かち合って共通の問題を解決し、ほかの人たちもギャンブルの問題から回復するように手助けしたいという共同体である。

メンバーになるために必要なことはただ一つ、ギャンブルをやめたいという願いだけである。会費もないし、料金を払う必要もない。私たちは自分たちの献金だけで自立している。GAは、いかなる宗教、宗派、政党、組織、団体にも縛られていない。また、どのような論争や運動にも参加せず、支持も反対もしない。私たちの本来の目的は、ギャンブルをやめることであり、ほかの強迫的ギャンブラーもギャンブルをやめることを手助けすることである。

私たちのほとんどは、自分が本物の強迫的なギャンブラーだとは認めたがらなかった。自分がまわりにいる人たちと違うなどということを、よろこんで認める人間がいるわけはない。だから私たちが、ふつうの人のようにギャンブルができるかもしれないと、役にも立たない実験をしてきたからといって、驚くことはない。どうにかすれば、いつかはギャンブルを楽しむことができるようになるという大きな妄想が、強迫的ギャンブラーに取りついている。この妄想のしつこさには驚くばかりである。この恐ろしい妄想を、たくさんの強迫的ギャンブラーは懲役、狂気、あるいは死の門口にたつまで手放せないでいる。

私たちは自分が強迫的ギャンブラーであることを心の底から認めなければならないことを知った。これこそが回復の第一歩である。ギャンブルに関しては、自分がふつうのギャンブラーと同じだという、あるいは今にそうなるかもしれないという妄想を、まず徹底的に打ち砕かなければならないのだ。

私たち強迫的ギャンブラーは、ギャンブルをコントロールする力をなくした。本物の強迫的ギャンブラーは、決してギャンブルに対するコントロールを取り戻すことはない。私たちも、自分はコントロールを取り戻したと思ったことがあった。けれど、そのちょっとした、あまり長くない中休みの後には、必ずもっとひどい状態がやってきて、せつない、なぜだかわからない落ち込みに苦しまなければならなかった。私たちのような強迫的なギャンブラーは、進行性の病気にかかっているのだということを、私たち全員が一人残らず信じている。少し長い目で見れば、私たちは悪くなることはあっても、決して良くなることはなかったのである。

だから、健康で幸せな生活をするために、私たちは力のおよぶかぎり、自分のあらゆることに、その原理を実践するように努めるのである。

この文章には、GAがどういうものか、そしてギャンブル症がどういう病気かが、実に適確に述べられています。そうです。ギャンブル症は進行性の病気で、治療しないとどんどん悪くなり、良くなることはありません。いったんタクアンになった脳ミソは二度とダイコンには戻りません。どんどん悪くなる点で、悪性腫瘍と同じなのです。

回復のためのプログラム

次に読み合わせが待っているのが、「回復のためのプログラム」で、12のステップが列挙されています。

これは回復のためのプログラムとして提示されたGAのステップである。

1. 私たちはギャンブルに対して無力であり、思い通りに生きていけなくなっていたことを認めた。
2. 自分を超えた大きな力が、私たちの考え方や生活を健康的なものに戻してくれると信じるようになった。
3. 私たちの意志と生き方を自分なりに理解したこの力の配慮にゆだねる決心をした。
4. 恐れずに、徹底して、モラルと財務の棚卸しを行ない、それを表に作った。
5. 自分に対し、そしてもう一人の人に対して、自分の過ちの本質をありのままに認めた。
6. こうした性格上の欠点全部を、取り除いてもらう準備がすべて整った。
7. 私たちの短所を取り除いて下さいと、謙虚に（自分の理解している）神に求めた。
8. 私たちが傷つけたすべての人の表を作り、その人たち全員に進んで埋め合わせをしようとする気持ちになった。
9. その人たちやほかの人を傷つけない限り、機会あるたびに、その人たちに直接埋め合わせをした。

10. 自分自身の棚卸しを続け、間違ったときは直ちにそれを認めた。

11. 祈りと黙想を通して、自分なりに理解した神との意識的な触れ合いを深め、神の意志を知ることと、それを実践する力だけを求めた。

12. 私たちのすべてのことにこの原理を実行しようと努力を続け、このメッセージをほかの強迫的ギャンブラーに伝えるように努めた。

この中の4にある「モラルと財務の棚卸し」とは、だました人、傷つけた人への謝罪、そして借金がどの人やどこにいくらあるかの計上を意味します。これらを一生かかって償う覚悟をするのです。

11にある「神との意識的な触れ合い」や「神の意志」とは、神仏の配慮に頭を下げ、神仏が自分をどういう人間にさせたいのかを、考えることです。ことさら特定の宗教への帰従を求めているのではありません。自分を超えた神仏の配慮に対する感謝の心を、忘れないように促しているのです。

20の質問

このあと20の質問を、ひとりあるいは複数の参加者で読み上げ、「はい」もしくは「いいえ」で答えます。

1. ギャンブルのために仕事や学業がおろそかになることがありましたか?
2. ギャンブルのために家庭が不幸になることがありましたか?
3. ギャンブルのために評判が悪くなることがありましたか?
4. ギャンブルをした後で自責の念を感じることがありましたか?
5. 借金を払うためのお金を工面するためや、お金に困っているときに何とかしようとしてギャンブルをすることがありましたか?
6. ギャンブルのために意欲や能率が落ちることがありましたか?
7. 負けた後で、すぐにまたやって、負けを取り戻さなければと思うことがありましたか?
8. 勝った後で、すぐにまたやって、もっと勝ちたいという強い欲求を感じることがありましたか?

9. 一文無しになるまでギャンブルをすることがよくありましたか？
10. ギャンブルの資金を作るために借金をすることがありましたか？
11. ギャンブルの資金を作るために、自分や家族のものを売ることがありましたか？
12. 正常な支払いのために「ギャンブルの元手」を使うのを渋ることがありましたか？
13. ギャンブルのために家族の幸せをかえりみないようになることがありましたか？
14. 予定していたよりも長くギャンブルをしてしまうことがありましたか？
15. 悩みやトラブルから逃げようとしてギャンブルをすることがありましたか？
16. ギャンブルの資金を工面するために法律に触れることをしたとか、しようと考えることがありましたか？
17. ギャンブルのために不眠になることがありましたか？
18. 口論や失望や欲求不満のためにギャンブルをしたいという衝動にかられたことがありましたか？

19. 良いことがあると二、三時間ギャンブルをして祝おうという欲求がおきることがありましたか？

20. ギャンブルが原因で自殺しようと考えることがありましたか？

この20の質問は、実にギャンブル症の本質を赤裸々にあぶり出しています。テキストには、20の質問のうち「7つ以上当てはまる人は強迫的ギャンブラーの可能性が極めて高い」と書かれていますが、私の知る限り、たいていの人は二十全部か十八、十九で「はい」と答えています。ときどき、20番目の「自殺」を考えるまでには至っていない患者さんがいるくらいです。

チェイシング

ギャンブルを続けながら、学業や仕事がうまくいくなどということはありません。早晩行き詰まります。

借金の支払いのため、親がお金を渡しても、それが支払いに回ることはありません。これを元手にギャンブルをして、十倍二十倍に増やしてから返済しようと考えるのです。

負けてもギャンブル、勝ってもギャンブルをするのはchasing《チェイシング》（深追い）と言います。無一文になり、帰りの電車賃まで使ってしまうのです。

上司から叱られたり、嫌な目に遭うと、さっとギャンブル場に行くのも、ギャンブルの「快感」で嫌な気分を打ち消すためです。これは天気が良くても、雨が降っても、ギャンブル欲求に直結します。

パチンコを三十分しようと思ってホールにはいり、それが二時間、半日になってしまうのは、駐車場の車に放置していた赤ン坊や幼児の熱中症死の原因で、よく報道されている通りです。今では駐車場を警備員が見回るので、事故は減りました。

ギャンブル症者の家の中から、金目のものが次々と消えていくのも、質屋で換金されるからです。妻の宝石や子供の玩具、カメラ、時計、ホットプレートなども、いつの間にかなくなります。

ギャンブル症者は、嘘と言い訳を年中考え、借金のことが頭から去らないので、安眠はできません。そんな折に闇バイトでいい話でもあると、すぐに飛びつき犯罪に手を染めます。

新しいメンバーへの提案

ミーティングに新しいメンバーが来ているときは、「すべてのGAメンバー、特に新しいGAメンバーへの提案」を、進行役が読み上げます。これは八項目から成っています。

1. できるだけたくさんのミーティングに出るようにしよう。ミーティングは回復につながる。
2. 自分なりのテレホンリストを作り、ミーティングとミーティングの間には、できるだけひんぱんに仲間に電話しよう。
3. 自分をそそのかしたり、試したりするのはやめよう。ギャンブルをするような知人と付き合うのは控えよう。ギャンブルをやっているような所に行ったり、近づいたりするのはよそう。賭け事は一切やめよう。
4. ギャンブラーズ・アノニマスのプログラムに従い、「今日一日」をモットーに生きよう。一生の問題を一挙に片付けようとしてはいけない。

5. 回復のためのプログラムを何度も読もう。繰り返し20の質問を読み返そう。毎日の生活でステップに従おう。これらのステップはギャンブラーズ・アノニマスのプログラム全体の基礎であり、これらを実践することは成長のための鍵である。深く関わりを持って回復に役立てよう。疑問があったら、経験のある人やスポンサーにたずねよう。

6. スポンサーを見つけよう。一人だけでは回復は難しい。スポンサーシップは、GAメンバーに一対一で取り組む回復の機会を与える。これは、回復への土台となる12ステップ・プログラムの分かち合い、実践、そして学習である。

7. プレッシャー・リリーフ・グループ・ミーティングは、法律、財務、仕事、そして個人的な問題を和らげるのに役立つだろう。根気よく取り組むことは回復の手助けになるだろう。

8. ミーティングに参加しよう。ミーティングに出続けてギャンブルをやめていれば、時間はすぐにたち、回復は必ずやってくる。

この中の3は、アルコール依存症の患者さんも同じで、ちょっと断酒をして「もうよかろう。試しに飲んでみよう」としがちです。ところがほんのちょっとでもアルコールが脳にはいると、今までじっと我慢していた脳が一気に活気づきます。「この一年間、今に飲むぞ飲むぞと待ち構えていた甲斐があった」と脳は歓喜の声を上げ、ベートーベンの第九の大合唱のようにたががはずれます。元の木阿弥です。本物の断酒者は、用心して奈良漬けや、ウィスキー・ボンボンも口にしません。ギャンブル症者も同じ注意が必要で、競馬・競艇のＣＭも見てはならず、それが載っているスポーツ紙を開くのもご法度です。

「スポンサー」とは、先行く仲間で気が合いそうな人を選び、先達として自分のスポンサーになって下さいと頼むのです。そのつながりは一対一なので適宜いい助言が貰えます。スポンサーになった方も、もはやスリップはできません。先輩と後輩が切磋琢磨して、断ギャンブルへの道が開けます。

また7にあるプレッシャー・リリーフ・グループ・ミーティングは時に応じて開かれ、このときは各自が自分の経験を口にして、他のメンバーの参考に供します。

敗北を認める

さてこれらが終わると、いよいよ回復のためのプログラムの12のステップのうち、今日のテーマを選んで、これも少しずつ回し読みします。

例えばステップ1の「私たちはギャンブルに対して無力であり、思い通りに生きていけなくなっていたことを認めた」の項の内容は次のようになっています。実にギャンブル症者にとっては、痛い所を突いています。

◆ステップ1によると、私たちが敗北を認めるのを屈辱的だと感じ、そのような弱さを見せることに腹を立てるのは不自然なことではないという。

1. これは私たちの本能に反する。
2. ギャンブルをすると破滅に近づく。
3. 私たちは失敗を否定し、弱さを認めようとせずにギャンブルをしようとすると、自分自身とたたかうことになる。

話し合おう

A. はじめて強迫的ギャンブルの問題があるかもしれないと、そう気がついたのはいつか。

B．もうふつうにギャンブルができないことを証明する例を挙げよう。

◆GAで私たちはほかの人に対してギャンブルの問題を認めることが、私たちの回復の礎になることに気づいた。

1．その礎は私たちが無力を認め続ける限り力になる。

2．私たちがギャンブルに対して無力であることを疑うことが回復を妨げる。

話し合おう

A．ミーティングに参加することによって「無力」を受け入れるようになったか。

B．ギャンブルの問題に対する答えや原因探しをあきらめて、毎日の生活のなかでギャンブルの問題に対処するようになったか。説明しよう。

◆ステップ1によると、私たちは自分の意志の力や自覚ではギャンブルの強迫的観念を抑えることはできないと聞いて、本能的にショックを受けるという。

話し合おう

A．どのように、ギャンブルに対して意志の力がくじけたか。

B．「簡単にしよう」という標語の意味は何か。

C．ほかの人のためでなく、自分が生き残るために、ギャンブラーズ・アノニマスに来るようになったか。

◆私たちは弱さを認めて、GAにたどり着いた。自分たちの問題と認めて受け入れることによって、耳を傾けよう、心を開き続けようという気持ちになった。

話し合おう

A．定期的にミーティングに参加することによって、私たちは何をどのようにして学ぶか。

B．定期的なミーティングはいやなことか、それとも心の安らぐことか。

C．耳を傾けることが着実にできるようになったか、それとも退屈してしまうことがあるか。

D．ギャンブラーズ・アノニマスは私たちを映し出す鏡か。

参加者たちは、この中から自分の好きな箇所、今日しゃべりたい項目を選んで、各自思っていることを口にします。もちろんすべて自分についての話であり、自分がどう思っているかだけを口にするのです。

このステップ1で、ギャンブル症者が突きつけられているのは「無力」です。何をどうあがいても、あなたはギャンブルに対して「無力」で、全面降伏しかないという現実が無力です。

ギャンブル症者は、また何とかしてギャンブルができるようになりたいという下心を持っています。それを「無力」だと断言されるのだから、患者さんたちはそれこそギャフンという思いになります。

意志なんて屁の突っ張りにもならない

続いて、「意志の力」も働きませんと言明されます。

あるとき私のクリニックに、両親に連れられて受診した二十代後半の息子がいました。私がもうこれは紛れもないギャンブル症だから、治療するしか道はありません、と引導を渡しました。するとその若者が、「これから意志の力でギャンブルをやめます」と言ったのです。そのとき後ろに坐っていた父親が突然「バカモン、お前のその意志の力ちいうのは三百回くらい聞いたぞ」と叱りつけました。

そうです。もはやギャンブルに対して、ギャンブル症者のやめる意志は、屁の突っ張りにもなりません。私は患者さんに対して、「あなたの意志は、もはや道端の石になって転がっています」と言うのを常にしていました。

原因などどうでもいい

その次に、ステップ1が諌めているのが、原因探しです。患者さん本人も家族も、こうなった原因は何だろうかと、原因を探りたがります。当然でしょう。原因さえ分かれば、それを取り除くことで治せると考えているからです。

ところが、ギャンブルにはまる原因など百や千はあります。数え上げたところで、キリがありません。たとえそれを取り除いたところで、前述したようにもう立派に根を張っている病気がどうなるものでもありません。

これは私たちの育て方が悪かったからでしょうか、と訊いてくる親御さんもいました。それに対して私は「これは育て方の問題ではありません。本人の生活習慣病です。その証拠に兄弟はちゃんとしているでしょう?」と聞き返しました。すると、「先生その通りです。兄と弟はしっかりしています。こいつだけが」という返事ばかりでした。

原因などどうでもよく、これからどうするかが、大切なのです。それがステップ1の「簡単にしよう」の文言にもつながってきます。そうです、治療のために自助グループに参加するという、シンプルな行動が必要なだけです。

ステップ1では、「耳を傾けよう」「心を開き続けよう」と勧めてもいます。これは前のほうでも述べた、ギャンブル症者の「聞かザル」と「言わザル」を打破する役目も担っています。

ひとりでは絶対に回復できない

さらにステップ1が「ほかの人のためでなく、自分が生き残るために」自助グループへの参加を勧めているのも、私としては大いに頷けます。親や奥さんに勧められて、しぶしぶ参加するギャンブル症者も、少なからずいるからです。それでもしぶしぶ参加しているうちに、「自分のために」自助グループに通うようになります。

また、ギャンブルからの回復の礎が「ほかの人に対してギャンブルの問題を認めること」にあるとしているのも、問題の核心を突いています。ギャンブル症は、ひとりでは絶対に回復できません。他人の力があってこそ、回復できます。ミーティングへの参加が、そのまま自分の問題を認めている証なのです。

ここで私がいつも思い起こすのは、セネガルの名言「人の病の最良の薬は人である」です。

文章が読めない

ギャンブル症者が初めてミーティングに参加したとき、テキストの文章をスラスラ読めないのに、私は何度も驚かされました。漢字が読めないのではありません。文章そのものを読む習慣から、長い間遠ざかっていた結果らしいのです。それはそうでしょう。どのギャンブルも、文章とはかけ離れた位置にあります。

ギャンブル症者は朝から晩まで嘘を考えるのに忙しく、新聞や書物に接する暇がありません。借金に追われているため、季節の移り変わりも分からず、花が咲いたところで気づきません。ためしに花の名前を訊くと、どの花を見ても「花でしょう」という答えしか返ってこないのです。
さらに文章がある程度読めるようになっても、その意味が頭にはいってきません。何を言っているのか、脳がマヒしてしまい、理解できていないのです。それはそうでしょう。敗北や本能、破滅や無力、証明とか回復、意志とか標語といった日本語など、ギャンブルに耽っていた十年二十年、三十年の間、頭の中で考えたことは一度だってなかったに違いないのです。これがギャンブル脳の正体です。

自分を超えた大きな力

ついでなのでステップ2がどうなっているのか、確かめましょう。ステップ2の標題は、「自分を超えた大きな力が、私たちの考え方や生活を健康的なものに戻してくれると信じるようになった」です。

◆ステップ2は（ハイヤー・パワーがとらわれを取り除くと）信じることは難しいかもしれないという。
1．ハイヤー・パワーや神、あるいはその両方が存在しないと考える人が多い。

2. 私たちはどのようにして回復の道を進むのか。

話し合おう

A. 私たちの人生には最善の努力ではなく、境遇で状況がうまくいくことがある。

B. 失敗の恐れ。そんなに簡単にあきらめるのか。

C. ためになると証明されたいやなこと。

◆神を信じる人にも信じない人にも「気楽にやろう」と勧める。

1. 心を開こう。

2. 回復のプログラムのほかのことも実践しよう。

話し合おう

A. 「ゆっくりやろう」という標語の意味。

B. ギャンブルをやめてから、生活や行動はどう変化したか。よいか、悪いか。驚いたか。

◆ステップ2はハイヤー・パワーが存在するという考えとたたかわないことを勧める。

1. GAプログラムのほかのことも実践すれば結果がわかる。

2. 過去の信仰はなくしたかもしれない。

話し合おう

A. 私たちはせっかちに判断する。

B. 私たちは事実よりも直感（勘）で判断する。

C. 自分に優越感を持つために言い争う。

D. 私たちがせっかちに話したために起こった失敗。

◆ステップ2は、私たちが「家の大掃除」をするとき、ハイヤー・パワーがギャンブルのとらわれを取り除くために入ってくると約束する。

1. 心を開くことだけが必要とされる。

2. 心を開くことを信じることによって、すべてのGAメンバーは一体となる。

話し合おう

A．自分の意見を言う機会が減り、もっと耳を傾けるようになったか。いつからそうか。
B．私たちは心を開いているか。自分流の考えを信じ続けているか。
C．その理由は。
D．回復のプログラムのステップ。

こうやって書写していると、ギャンブル症者にとって極めて大事な事柄を突きつけているなと感心させられます。

ステップ1の課題は、自分がギャンブルに対して無力であると認めることでした。ではその無力をどうすればいいのか、と当然の疑問が生じます。その答えがハイヤー・パワー、「自分を超えた大きな力」です。

ギャンブル症者はおしなべて自分の力を過信しているので、自分の力を超えた大きな力の存在など、そんな馬鹿な話はないと反発します。それでいて宝くじを買うときなど、十億円当たるようにと神頼みをし、競馬で三―四が来てくれ、と祈ります。妙な現象です。本当は自分の力を疑い始めているのかもしれません。

よくよく考えると、人の人生など、自分の力で実現している事柄は些少です。神仏の配慮としか思えないことが多々あります。

自分の力ばかりに頼っていると、はからい事が多くなります。ちっぽけな脳であれこれと策を巡らし、うまくいったつもりになっても、あとで人から恨みを買ったりします。それよりは、本来の意味での他力本願のほうがうまく事が運びます。

ギャンブルをやめ続けていれば、あとは自分を超えた大きな力、神仏の配慮に任せればいいのです。理屈をこねて、そんな力などあるはずがない、と抵抗する姿はウジ虫にも劣ります。ウジ虫とて、すべてを大きな力にゆだねているのですから。

このステップ2で「人生には最善の努力ではなく、境遇で状況がうまくいく」と指摘しているのは、正鵠を射ています。

私自身の人生を振り返っても、小中高と教師に恵まれ、大学では仲間に恵まれ、就職したTBSでは先輩に恵まれ、二度目の大学では恩師や同僚に恵まれ、フランス留学でも同じでした。診療所を開いてからは、師長の妻を始めとしてスタッフに恵まれ、ある意味で患者さんにも恵まれて、多くのことを学べたのです。

小説の面でいえば、デビュー当初からずっと今まで、各社の編集者たちに恵まれっ放しだと、つくづく思うのです。

これらは全くもって神仏のはからいであり、境遇で人生がうまく運んだとしか言いようがありません。

そんな風に、自分を超えた大きな力に身をゆだねるとき、眉間に皺を寄せてはいけません。「気楽にやろう」「ゆっくりやろう」が肝腎です。神仏のはからいは、気がつかないうちに、じんわりと身を包んでくれるものでしょう。

心を開く

このステップ2では、「心を開く」ことを四回にわたって勧めています。ギャンブルをやっていた十年二十年の間というもの、ギャンブル症者は、心を固く閉ざしていました。心に鍵をかけると、親友はおろか友人もできません。心寂しい人間になり下がっていきます。

それをミーティングで心を開き、正直に心を吐露することによって、他のメンバーから信用され、メンバー同士が一体化するのです。

こうしてギャンブルをやめ続けているメンバーに対して、ステップ2が「生活や行動はどう変化したか。よいか、悪いか。驚いたか。」と問いかけているのは、実に痛快で、まさしく神仏の語りかけでしょう。

自分の人生を預けなさい

もうひとつ、ステップ3を検討すると、すごいことが書かれています。まず標題はこうです。「私たちの意志と生き方を自分なりに理解したこの力の配慮にゆだねる決心をした」です。自分なりに理解したこの力、というのはハイヤー・パワー、つまり自分を超えた大きな力を意味しています。この力に、いわば自分の人生を預けなさいと勧めているのです。

一見すると、とんでもないことを要求しているとと感じるかもしれません。しかしギャンブル症者は、ギャンブルに対する自制心も意志もなくなり、人生も壁にぶち当たっているのです。もうどうあがいてもどうにもならない、クモの巣にかかった虫同様です。動けば動くほどクモの糸はからみつきます。

だとしたら、もうあがきをやめて、すべてを成り行きに任せる他ありません。そのうちクモの巣が破れるかもしれず、クモがどこかに姿を消すかもしれません。その行く末は、天のはからいに任せなさい、という主張なのです。

それではこのステップ3の問いかけを、大雑把に辿りましょう。厳しい質問が続きます。

・〝このステップは回復のプログラムの扉を開ける。〟
確かにそうです。すべてを天のはからいにゆだねてこそ、回復への道が始まるのですから。

・〝GAにつながってから、もうこの敗北を受け入れたか。〟
これはいわゆる底つき体験を指しています。またギャンブルができる、などという思い上がりを捨てたかを再確認させているのです。どん底に落ちたからこそ、這い上がるすべがあるのです。

・〝どのようにギャンブルができることを、自分や他の人に証明しようとしたか。負けたこととの言い訳。ギャンブルに費した時間。〟
これも痛烈な質問です。ギャンブル症者は言い訳の名人ですから、あれこれ理屈をつけて、ギャンブル行為に戻ろうとします。元金不足だった、体調も悪かった、予想屋にだまされた、ちょっとした判断ミスだった、という具合に無数の言い訳を思いつきます。

ギャンブルに費した時間たるや、数万時間に達するでしょう。例えば一日三時間、パチンコ・パチスロを毎日やってきたとなると、十年で一万時間以上になります。二十年で二万時間以上です。世の中には「一万時間の法則」というのがあります。これは小中学生、高校生、大学生に対して、よく言われる法則です。一週間に二十一時間、ひとつのことを学んでいくと、十年後にはその道の第一級の人になるという法則です。一日三時間の英語の勉強を十年続けると、英検一級は簡単に取れるでしょう。サッカーや野球にしても同じで、クラブでレギュラーになるのは間違いないはずです。

そんな大切な時間を、ギャンブル症者はドブに捨ててしまったのです。

・〝他のメンバーに電話しているか。もっとたくさんのミーティングに出ているか。GAの活動に参加しているか。〟

スリップしそうになったら、親しいメンバーに連絡をとって、話すと衝動がおさまります。すぐさま、その日開いているミーティングに参加するのも手です。

他のグループの周年行事への参加や、自分たちのグループで周年行事を開いて、他のグループの参加を依頼するのも大切な活動です。遠方で開催された周年行事に参加すると、大歓迎され、スピーチを頼まれることもあります。そうやって人前で話すと、もう二度と以前のギャンブル症者には戻れなくなります。

・〝GAにつながってから、私たちはどのように変わり、行動をどのように変えようとしてきたか。〟

この質問に続いて、さらに鋭い問いかけがなされます。

〝①ギャンブルをやめているか。
②以前よりも自分を好きになり、大切にしているか。
③以前よりも他の人を好きになり、大切にしているか。
④成長し、成熟したいという願いはあるか。〟

これも痛快な質問です。ギャンブル症者で自分が好きな人はいません。他の人にも興味がなく、好きな人などいないのです。もちろん大切な人などいません。ましてや成長とか成熟など、ひとかけらも考えたことはありません。頭の中は金だけですから。

平安の祈り

以上のような質問の項目の中から、ひとつ二つを選んで、出席者たちは限られた時間内に自分の考えを口にします。質問事項に対してどう思うか、あるいはどういう体験をしたか、を発表するのです。

自分の持ち時間の三分なり五分なりが終わると、発言をやめます。十分以上の発言になると、進行役が「そろそろまとめて下さい」と言って注意を促します。

発言が終わると、全員が拍手をして、次の出席者がまた自分で選んだ項目について口を開きます。このとき、「Aさんはこう言いましたが、自分はこう思います」というように、他人の発言に言及してはいけません。あくまで「自分はこう思う。こうしている。こういうことがあった」のみを発言します。終わるとまた拍手で、次のメンバーに移ります。

こうして全員が発言し終えても、進行役がそれをまとめて結びの言葉を述べることは、一切ありません。次回の日時を確認して、進行役の希望者を募ります。手が上がらなければ、その回の進行役が指名して閉会となります。

しかしその前に、全員で「平安の祈り」を読み上げます。たいていの出席者は、その文言を暗記しているので、目を閉じて自分に言い聞かせるようにして言葉を発します。

この「平安の祈り」は次の通りです。

神様、私にお与えください。
自分に変えられないものを受け入れる落ちつきを！
変えられるものは、変えていく勇気を！
そして二つのものを見わける賢さを！

確かにその通りです。自分がギャンブル症である事実は、もう変えられません。それは受け入れるしかないのです。それでも、ギャンブルをやめ、ミーティングに出席し続けるという行動を身につけることはできます。回復への道に向かう勇気があるかないかの問題です。その変えられないもの、変えられるものを見分けるのは、本当は簡単です。多少の賢さがあれば、万人に可能です。

実は、私も六十歳で急性骨髄性白血病にかかり、半年間の入院治療をしました。その際、突然胸に迫ったのが、この「平安の祈り」でした。それまで自助グループのミーティングに参加していたので、この祈りを何百回かは口にし、暗記もしていました。いい祈りだとは思いながらも、しかしどこか上の空だったのでしょう。

ところがいざ白血病の治療が開始されると、この祈りが突如として心に響いたのです。自分が急性白血病に罹患している事実は変えられない、しかしそれでも何とか元気を出して明るく、何くそと思いながら生きていくことはできる、と思ったのです。そのとき、受け入れる落ち着きと、変えていく勇気を与えてくれるのは、もう神仏しかありません。神仏に頼るのに何の抵抗もありませんでした。

ところが、入院してしばらくすると、食後の膳を下げる際、クリーンルームから出て、廊下にある配膳車に入れるようになりました。他の病室をちょっと覗くと、みんな暗い表情ばかりで、膳を持って廊下に出てくる患者さんも、今にも消え入りそうな顔をしています。これでは助かるものも助からないだろうと思ったものです。

ちなみにこの黄金の言葉とも言える「平安の祈り」の作者は、米国の神学者ラインホールド・ニーバーで、一九五〇年頃の作のようです。ですからニーバーの祈りとも言われ、アルコール依存症やその他の嗜癖の自助グループ、緩和ケアの自助グループなど、広範に用いられています。

三　ミーティングの驚くべき効果

「三ザル状態」からの脱出

こうした言いっ放し、聞きっ放し、討論なし、批判なし、結論なしのミーティングの効果はどうでしょうか。それがとてつもない効果があるのです。ギャンブル症者の二種の特徴である「三ザル状態」と「三だけ主義」を、跡形もなく消し去ってくれます。

まず「三ザル状態」の「見ザル」です。ミーティングで他人の話を聞いていると、何やら自分と似た人ばかりです。もちろん自分より軽症の人もいますが、横領とかで刑務所まではいった重症の人もいます。しかもその人がもう十年もギャンブルをしていないというのです。こうして自分の病気が少しずつ見えてきます。誰から指摘されるでもなく、紛れもなく自分は病気だと納得します。

次の「聞かザル」も、ミーティングに出席しているうちに、他のメンバーの話に耳を傾けられるようになります。なぜならそのメンバーが心を開いて、嘘偽りなく、自分の過去なり、胸の内を話しているのですから、聞かざるをえません。ましてやその話の内容が、自分そっくりであり、親兄弟を苦しめた経験が語られているからです。自分に関係のある話なので、聞かずにはいられなくなります。

三つ目の「言わザル」は、なるほど最初の参加では、何も言えず、「パスします」と、やっとの思いで口にするかもしれません。しかしそれを軽蔑されるでもなく、拍手が送られるのですから、「一体これは何だろう」と胸の内で驚きを感じつつ、ほっとします。また別の初参加者は、こんな所に来てしまった情けなさで、涙を流してしまうかもしれません。それでも拍手で、みんなは応じてくれます。そのうち、何を発言しても批判などする人は、誰もいないことに気がつきます。今まで心を開いたことがなかったのに、ここでは何でも正直に言えるのです。胸の内にたまっているものを言ってしまうと、どこかほっとした爽快な気分にもなります。

正直にものを言う心地良さが分かると、周年行事などで、例えば他の自助グループの十周年記念に参加して、スピーチを頼まれても、快く承諾します。みんなの前で五分、十分、十五分としゃべるのが苦にならなくなるのです。苦になるどころか、指名されるのが嬉しくなります。

「三だけ主義」は消滅

二番目の「三だけ主義」の「今だけ」はどうでしょうか。そもそもミーティングの一度や二度のみの出席は、最初から想定されていません。今後は週一回か二回、ずっと命の続く限り参加し続けるのが前提になっています。「今だけ」主義ではなく、いわば生涯教育です。

次に「自分だけ」です。これもミーティングに参加しているうちに、仲間の存在が重みを増してきます。共に断ギャンブルに向かって進むという、絆意識が芽生えてくるのです。ギャンブルをしているときは、孤独そのもので、友だちを作ろうとする気さえなかったのです。家族があろうと、それはエセ家族であり、本人は浮いた存在、いや爪弾きされていた存在だったのです。しかし自助グループの中では、自分だけではないのだという気づきが、生じてきます。仲間の大切さが、身に沁みて分かってくると、家族の大切さ、親から育てられたありがたさも感じるようになります。

最後の「金だけ」は、気がつくとどこかに消え去っています。もう収入は自分以外の配偶者か親兄弟に管理してもらっているので、一日に五百円のワンコイン、あるいはお金など持たない生活に切り替わっています。

以前なら千円札など紙屑同然で、一万円札がやっとお金だったのです。ところが今は、百円硬貨一個がありがたいのです。

そしてお金より大切な、友情とか、他人への奉仕とか、社会貢献とか、家族愛などがあるのに気がつきます。こうした愛情に比べたら、お金などは二の次になります。

自助グループの特異性

かつてギャンブラーズ・アノニマスの全国大会が、福岡県で開かれたとき、講演を頼まれて参加しました。その際、いい機会だと思って、アンケート調査をしたのです。「あなたにとって、自助グループとは何ですか」という質問を設けたのはもちろんです。

その結果は驚くべきもので、各自が感じているミーティングの効用がずらりと記されていました。

一番多いのが、「孤独からの脱出」「心の家族」「仲間の力」「仲間意識」といった、仲間との絆でした。

次に多いのが、「自分の性格の欠点の確認」「自分自身を知るきっかけ」「気づきを与えてくれる」「自分を振り返る場所」「生き方を見つめ直す所」というような、気づきと内省の場として、ミーティングがあるという感想です。

三番目には、「安心の場」「心の清涼剤」「居場所」「心を落ち着かせてくれる所」といった、ミーティングを癒しの場、魂の救済所だと考えている人たちがいました。

四番目には、「メンバーの話を聞いて謙虚さを学べる」「人間育成道場」「人間関係のトレーニングの場」「内省の促進の場」「人間回復の場」として、その効用を認めている人たちもいました。

五番目には、「本音を言える場」「自分が真実の姿でいられる場所」「思いを吐き出せる場所」「何でも正直に話せる所」「自己肯定できる場」など、ミーティングを真情吐露の貴重な場にしている人もいました。

その他にも、ミーティング参加が「日々のワクチン」「永遠のワクチン」「回復へのクスリ」「処方箋」「予防自覚薬」「自分の身体の一部」と見ている人たちもいたのです。

こういう感想が出てくる会議《ミーティング》など、世の中にそうざらにはないでしょう。ここにこそ自助グループのミーティングの、他にはない特異性があるのです。

答えの出ない事態に耐える力

私自身もミーティングに出席させてもらっての帰りがけ、どこか心地よさが胸の内に生じているのに気づきます。何の結論もないミーティングなのにです。

そのうち参加者の全員がネガティブ・ケイパビリティを発揮しているのではないか、と思うようになりました。「答えの出ない事態に耐える力」を知らず知らずに発揮しながら、お互いギャンブルに手を出さずにすんでいる日々を、称え合いながら新しい人生を生きているのです。その感動が私の心を満たすのです。そして患者さん自身も、晴れ晴れとした表情で会場をあとにします。ギャンブルをしていたときの暗い、苦しげな表情はどこにもありません。そんな患者さんが口を揃えて言うのは、嘘をつかないでいい幸せ、お金のことを考えないでいい幸せなのです。

私が一番感心するのは、自助グループが掲げる最終目標です。単にギャンブルをやめることではなく、何と「思いやり」「寛容」「正直」「謙虚」を目指しているのです。全くギャンブル脳とは反対の極にある、人間の徳目です。

ギャンブル症の治療を始める前、私はギャンブル症者は病前性格が悪いのだろうと考えていました。性格がもともと良くないのでギャンブルにはまり、ギャンブル脳になるのだろうと思っていたのです。

しかし全くの誤解でした。ミーティングに通ってギャンブルをやめていると、患者さんは本来の人間に戻っていきます。さらにミーティング参加を継続すると、自助グループが目標にしている四つの徳目を備えるようになるのです。そんな回復したギャンブル症者に接するたび、あのミミズ以下の人がこんなにも変わるのだと、その後ろ姿に手を合わせたくなります。

第二章　心の病いを治すオープン・ダイアローグ

ギャンブル脳を回復させる自助グループのミーティングの大きな特徴は、言いっ放しの聞きっ放し、心を開いて自分についての事柄だけを述べ、結論もない、要約すらもない、という点でした。

そこにネガティブ・ケイパビリティを感じた経緯は前述しました。ところが二〇一七年頃からオープン・ダイアローグという概念が日本にはいってきて以来、その中味を知るにつけて、自助グループのミーティングは一種のオープン・ダイアローグだと気づきました。

となると、自助グループのミーティングには、ネガティブ・ケイパビリティとオープン・ダイアローグという二大要素が詰まっていることになります。

さらにオープン・ダイアローグの手法を検討して、二度目に驚かされたのが、オープン・ダイアローグそのものが、ネガティブ・ケイパビリティを内包しているという事実でした。やはり私の直感は正しかったのです。

それでは、オープン・ダイアローグのどこにネガティブ・ケイパビリティがあるのか確かめましょう。その前にオープン・ダイアローグの歴史を辿ります。

一　オープン・ダイアローグの発見

フィンランド発祥

オープン・ダイアローグ（ＯＤ）は、フィンランドの西ラップランド地方で始められました。一九八〇年代の前半です。端的に言えば、その方法は二つの要素から成り立っています。第一に、必要に応じて、あるいは重大なさし迫った状況のときに、当事者と共にいるという一大原則です。第二に、その当事者の呼びかけに対して、絶妙な好機を選んで、メンタル・ヘルス・サービスを提供するという点です。

考えてみれば、これは当たり前の人助けの方法で、ゆるやかな援助法としては古くから世界中のどこでも実施されていたはずです。しかしこのやり方が地域のサービスとして取り入れられたのが、フィンランドの北のほうにある西ラップランドの小さな町でした。人口は七万人強ですが、失業率は十五％と高く、精神科病院は遠く、精神科医の数も限られていました。これに反してメンタル・ヘルスの失調を訴える人や、精神病に罹患する人が多かったのです。

この治療スタッフ不足を補ったのが、看護師や臨床心理士、ソーシャル・ワーカーなどのコ・メディカル・スタッフでした。住民の中に精神面での不調を訴える人があれば、ともかく急遽駆けつけて話を聞くという方法を取り入れたのです。投薬や入院など二の次です。

しかしそうやって当事者やその家族の話にひたすら耳を傾けているうちに、悩みや訴え、さらには精神病の症状も落ち着く事実に気づくのです。

これは行政にとっても朗報でした。精神科病院の病床を大幅に減らし、急性期の患者のみ短期間入院させればすみます。あとはそうしたコ・メディカル・スタッフのいる拠点を増やすだけなので、財政上も助かります。

こうして西ラップランドに、若い人材が多く集まるようになり、この特異な治療法の形が少しずつ完成されていったのです。

オープン・ダイアローグの核心

このとき、危機にある当事者と、治療に関与する人たちの出会いの場は、その当事者の居住する所に設けられ、これがネットワーク・ミーティングと称されます。関与

する チームは二人以上の治療者から成り立っています。

こうしたやり方には、初めは名称などなく、オープン・ダイアローグと言われるようになったのは、一九九五年以降です。従ってまだ三十年近くしか経っていない、新しい概念と言えます。これが初期の段階で適用されたのは、精神病と診断された患者さんたちでした。しかしすぐに、この方法は他のあらゆる広範囲の人たち、援助を要する人たちにも応用されるようになりました。今日では、子供たちがかかえる諸問題、教育の場や職場における問題にも、オープン・ダイアローグが有効だと分かっています。

オープン・ダイアローグの核心は、第一章の自助グループの実例で見たように、ポリフォニー（多声性）から成るミーティングです。つまり、参加者全員の発言によるミーティングであり、どの発言も平等に扱われます。このポリフォニーの概念については後述します。

二　オープン・ダイアローグの実際

七本の柱

前項のような過程で完成したオープン・ダイアローグは、今日では七本の柱を持つとされています。

・今すぐの援助
・社会とのつながりを大切にするネットワークの視点
・柔軟な対応と流動性
・チーム全体で責任を持つ
・心の流れを断ち切らない
・不確かさに耐えるネガティブ・ケイパビリティ
・あくまでも対話が中心

一見して、これが従来のメンタル・ヘルスの治療方針とは全く異質であることが分かります。訴えている当事者を待たせず、社会とのつながりを保ちながら、その状況に応じて対応を変容させ、責任はあくまでも関わったチームが保証し、当事者の心の動きを大切にしながら、ネガティブ・ケイパビリティを発揮しつつ、対話を最後まで続けていくのです。

この方針を当事者が聞いたら、それだけで安心し、治療チームに自分を任せようという境地になるはずです。

実際にはこれがどのように行われているのか、各段階に従って説明します。

(一)今すぐの援助

ある住民のひとりが、コ・メディカル・スタッフのいるメンタル・ヘルス・サービスセンターに悩みを訴えて、援助を要請したとします。すると二十四時間以内に治療チームが編成されます。チームの構成員は、精神科医、臨床心理士、ソーシャル・ワーカー、リハビリテーション・ワーカー、当事者《ピア・カウンセラー》である相談員、看護師などです。といっても、すべてが揃う必要はなく、複数であれば可です。専門職でなくても、家族やこれまでサービスを受けた利用者であっても構いません。

肝腎なのは、この治療チームが遅滞なく介入することです。それによって、助けを求めて来た人の状況悪化が防げます。困っている人の許にいち早く駆けつけ、何が起こっているのか、当事者の発言に真剣に耳を傾けてこそ、苦しみの程度や、精神病であればその重症度も判断できます。

駆けつける場所は、当事者の住居が最適です。しかし、当事者がどこか病院や、サービスを提供するセンターがいいと言えば、そこでも構いません。とはいえ、家庭のほうが当事者の家族もチームに加わることができるので利点はあります。

この最初の介入の際に、当事者を含めたメンバー全員に対して、冒頭に説明すべき事柄が二つあります。まず、こうしたチームによる介入の歴史を明らかにします。先述したようなきっかけで、この治療方法が生まれ、効果を上げている事実を、治療チームのひとりが説明するのです。

そのあと当事者に、「こうしたミーティングのやり方を、あなたはどのように利用したいですか」と尋ねます。質問は参加したすべてのメンバーにも向けられ、「私はこうしたい」「自分はこんな具合に利用したい」というように答えます。

こうしてひとりひとりが自分の意見を出すことで、ポリフォニー、つまり多様な声、多彩な意見が明らかになります。これが一種のオープン・クエスチョン、開かれた質問です。これによって、援助を要請した当事者は、メンバーのひとりひとりがどういう考えを持っているのか、自分にどう関わろうとしているのかを知るのです。少なくとも最も優先されているのは自分の考えだと納得し、安心します。

ここで事例を呈示すると理解が深まるはずです。もちろん架空の例です。

三月三日に、ある母親から治療チームに電話があり、受けたのは看護師でした。二十歳になる息子の様子が最近とみにおかしくなり、自室に閉じこもっては叫んでいるというのです。近所の誰彼となく自分の悪口を言っていると、息子は信じているようです。そして昨夜、その息子がとうとう裸足で近所をうろつき、ブツブツと独言をしているので、心配でたまらないと母親は電話口で訴えます。

そこで看護師は、すぐに治療チームを作ってうかがいますが、場所はお宅でいいでしょうか、と確かめます。母親の返事は、「息子は自宅がいいと言うのに決まっています」でした。そこで看護師は、「今日にもスタッフがミーティングのために訪問しますが、一応息子さんにもその旨を伝えて下さい」と言い、さらに「仮に息子さんがミーティングを拒否しても、心配をかかえているのは、母親のあなたですから、わたしたちはあなたの話を聞くために行きます」と伝えて安心させます。

次に、「他に誰かミーティングに加えたい人はいますか」と看護師は母親に訊きます。「同居している本人の妹も心配しているので、同席してもらいます」と母親は答え、「父親とは三年前に離婚していて、疎遠になっているので、呼ぶ必要はありません」と続けました。

さっそく看護師は、今日チームに加わることのできるスタッフを、出勤表から選びます。幸い臨床心理士が時間を取れるという返事なので、二人で治療チームを組むことを決めます。そして、自宅を訪問する時間を、母親に決めてもらうのです。

(二) 社会とのつながりを大切にするネットワークの視点

これは当事者を取り巻いている人たちを、できるだけ多くミーティングに誘い込むという思想です。これによって社会的なネットワークができ上がり、ミーティングが当事者の周囲に多くの味方を呼び込む結果をもたらします。その構成員は、第一段階で述べたように家族、友人、ヘルス・ケアに携わる人たち、隣人や、同病の経験者でもいいのです。

このとき警戒しなければならないのは、精神病は家族が生み出すという偏見です。例えば一九四〇年代の「統合失調症を生む母親」、一九五〇年代に提唱された「二重拘束」がそれです。「統合失調症を生む母親」とは、実に残酷な理論で、このためにどれだけの母親が自責の念にかられたかを考えると胸が痛みます。母親の言語的表現と非言語的表現が相反している場合、子供の情緒と思考に障害が生じるという考え方です。例えば、口では「はい〇〇ちゃん、こっちにおいで」と言いながら、表情は「近寄るな」と言っている場合です。こうした矛盾した表現は、実際は日常生活にありふれていて、ことさらこれが病気の原因と考えたのは、全くの勇み足でした。

「二重拘束」説も似たような考え方です。親は相反する二つのメッセージを発しつつ、子供にはそれに応えなければならないように強制するので、子供はいつも途方にくれるしかなく、そこに障害が生まれるという理論でした。

現在、この二つの考え方は否定されているものの、精神病の発生には、家族の機能不全が関与しているのではないかという考えは、完全にはなくなっていないようです。

オープン・ダイアローグのミーティングは、全くこの考え方を採用しません。しかし考え方そのものは否定しても、そうした偏見を持った人がミーティングに参加するのは歓迎します。なぜなら、多様な視点をミーティングに持ち込めて、ネットワークに広がりと深みができる点で、有用だからです。

一方、このネットワークのメンバーに、ミーティングそのものを何かしら危なっかしくすると危惧される人が出てくるかもしれません。その場合は、弱い立場の人を保護するために、しばらくミーティングを二つ別々に持つ手立てをとります。

さらにまた、当事者自身がミーティングへの参加を拒否する場合も当然あります。そのときは当事者を別にして、残りの家族を含めたミーティングをするのです。ミーティングは決して一回限りではなく、何回も継続されるので、そのうち当事者が加わるときもあるだろうという見通しがあるからです。この楽観性がまた大切なのです。

ここで前述の症例の続きがどうなったか、経過を見ましょう。

当事者が住む家に看護師と臨床心理士が着くと、母親と妹が居間に招き入れてくれました。しかし当事者はミーティングへの参加は拒みます。とはいえ、居間での会話は、本人がいる二階の部屋でも漏れ聞くことはできるはずです。

母親はすぐに最近の息子の変化について語ったあと、息子が思春期の頃から、学校でいじめられていたことにも言及します。学校でうまくやっていけるか、母親として気が抜けなかったとも口にします。妹も、兄が母に対して時折暴力をふるうこともあったので、心配でならなかったと言います。そして二人とも、前に進むためには何か決断をしなければならない、という点で一致していました。

妹の考えは、現状のままでは家の中が手に負えなくなるので、兄をしばらくの間だけでも入院させたほうがよいというものでした。ところが母親は、治療スタッフの援助を受けながら、このまま息子を家で見たいという意見でした。

そこで看護師と臨床心理士は、母親と妹の懸念を充分に考慮に入れつつ、話し合いを続けていくことを提案します。その場合、ひとつ気になるのは、母親に対する当事者の暴力です。これに対して母親は、近頃は暴力はほとんど目立たないので心配はないと答えました。

看護師と臨床心理士が、それならこのまま家でのミーティングを続けていきましょうと提案します。母親も、いつか息子もミーティングに参加してくれるだろうし、娘も自分もこの二人の援助で何とかやっていけるだろうと、安心感を口にしました。

こうして服薬も入院も、先延ばしすることが決定されます。看護師と臨床心理士は、誰か他にこのミーティングに加えたほうがいいと思われる人がいれば、参加させましょうと提案します。しかし二人の返事は、今のところ「いない」でした。

翌日も居間で、四人のミーティングが持たれました。当事者はまだ興奮していましたが、昨日から外には出ず、家族の不安も減じていました。看護師と臨床心理士は、母親と妹に対して、このミーティングをどんな風にしたいのかと訊きます。母親は困って、返事に窮しますが、妹のほうはこの数年間の両親の不和と、父親の母親への暴力が次第にひどくなっていたと言います。

当事者が二階から下りて来たのはこのときで、母親にタバコをくれと言います。看護師と臨床心理士は、この機会を利用して自己紹介をします。当事者は外にタバコを吸いに行き、二階の寝室に行きかけたものの、戻って来て、母親にタバコをもう一本要求しました。このとき看護師は、タバコを吸う間だけでもミーティングに参加しませんか、と勧めたのです。すると「あんたが望むなら」と答えて、息子は椅子に腰かけました。

最初、息子は当然ながら言葉少なでした。しかし看護師が、どうして自分たち二人がこうして家を訪問することになったのかを説明する間、じっと聞いていました。そこで看護師は息子に、最近の出来事をどう思っているのかを尋ねます。

息子の返事は、「近所の連中が自分の悪口を言うので、毎日が地獄になっている」でした。看護師は同情を示し、それについてもっと話を聞きたいと言うのです。息子はどっちつかずの様子で、言葉を濁すばかりです。それでも看護師は、これで当事者と接触できたことを良しとして、また翌日の訪問を約束して家を出ました。

この例から抽出できるミーティングの価値は次の四点です。

①看護師と臨床心理士の二人の治療チームが、母親と娘に無理なく接触して、家族のこれまでの生活ぶりを共有した点。これはミーティングが重ねられるにつれて、当事者の問題に焦点が絞られるのではなく、家族全体の幸福という問題に視野が広がっていくはずです。

②看護師と臨床心理士が、ミーティングの成り行きを早めるのではなく、ごく自然に緩慢にした点です。もちろん、危機がさし迫っていれば、今すぐの措置をとる必要があります。しかし家族が何とか状況に耐えられている限り、ミーティングはゆっくりと進められるべきです。

③看護師がうまく好機をとらえて、当事者にさり気なく話しかけ、ミーティングに誘った点は絶妙です。しかしあくまで、本人の意思を尊重しての呼びかけです。

④当人の体験を、看護師が決して否定せずに耳を傾け、深い同情を示した点も、大いに評価できます。これはもちろん、決して当事者が話す内容が事実だと思うのではありません。ただ精神病とか妄想という用語でひとくくりにされている当事者の体験は、もっと深く聞いて同感してやるべきなのです。

(三) 柔軟な対応と流動性

まず柔軟な対応というのは、その場に応じて対応の内容を変えたり、当事者の必要に応じてミーティングの形を変えたりすることです。場合によっては、もうひとつミーティングを加えたり、個人の心理療法をつけ足したりもできます。何が必要かはミーティングの最中でも決定できるし、次のミーティングに組み込んだりもできます。要するに、何事にも融通無碍であるのが特徴です。

流動性というのは、その家族にふさわしい、あるいはまたその状況に適した所でミーティングを持つということです。家庭であったり、メンタル・ヘルス・サービス機関の外来であったり、職場であったりと、多様です。とはいえ、家族や当事者にとって、最も抵抗が少ないのは家庭でしょう。

家庭であれば、場合によっては家族の他のメンバーも、希望に応じてミーティングに参加してもらえます。さらにドアを開いたままにしていれば、話し声を聞いて、当初は参加を拒否していた家族が、興味をもって加わる可能性だってあります。そんなとき、どうして意思を変えたのか訊いてみるのも、ミーティングには有用でしょう。

家庭でミーティングを開くもうひとつの利点は、住宅環境がよく分かり、家族への理解も深まる点です。さらにメンタル・ヘルスの専門家にしてみれば、他人の家にお邪魔するわけですから、遠慮が加わってその専門性が減弱するという利点もあります。つまり専門家ヅラをした大きな態度がなくなるのです。

さて症例はその後どうなったでしょうか。

二週間にわたってほとんど毎日、家でミーティングが持たれ、当事者が参加してくれる回数も少し増えます。とはいえ、ミーティングに加わる時間は十分未満が多かったのです。それでも本人は多少なりとも、看護師や臨床心理士を信用しはじめているようでした。

これでもう息子に薬を飲んでもらう必要はないと、母親も感じたようです。妹も頷き、看護師も臨床心理士も意見は同じでした。

当事者である息子が出席したとき、誰かこのミーティングに参加してもらいたい人はいないか訊いたのは看護師で、最初は「いない」という返事でした。しかしミーティングの中で、息子が信頼しているのは父方の叔母だったという話が出て、本人も叔母の参加に納得しました。その結果、暇を見ては叔母が参加してくれるようになります。

叔母の口からは、当事者との結びつきや、小学校時代の思い出話が語られました。そして叔母の兄、つまり当事者の父親の暴力によって家族が苦しめられた事実が、共有されたのです。

当事者がミーティングに加わったとき、会話の内容は自然に、本人を迫害している近所の人たちに移ります。本人によれば、非難する声は寝室の壁を通して聞こえるし、時々は庭でもその話し声がすると言います。「腐ったリンゴ」という声がしたり、自分が考えていることにいちいち文句をつけるそうです。そのため声が聞こえないように、ヘッドフォンをつけてみたのですが、効果は大してないという話も語られました。

叔母の出席によって、会話の内容は隣人たちに関する話から、当事者の少年時代の話に移ることが多くなります。

父親の暴力については、初めは父親をかばっていた当事者も、家族にとってその暴力がいかに苦しいものだったかを語るようになりました。こうしてミーティングを始めてひと月が経った頃には、学校の成績が悪かったとき、父親から殴り倒されたこともあったと、本人の口から語られたのです。

(四) チーム全体で責任を持つ

これは、物事に対する行動に、チーム全体が関与することを意味します。まず母親から電話を受けて動き出したのは看護師です。信頼できる同僚の臨床心理士と組んで、家庭に赴き、ミーティングが成立しています。あとは母親と妹が加わって、四人でミーティングの責任を負うようになります。そこに当事者が時々加わり、叔母も参加すると、六人全体でミーティングの責任をとるのです。

例えば、向精神薬の投与が必要となったときには、それに経験のある精神科医に参加してもらうかどうかも、六人の責任で決定します。このようにネットワーク・ミーティングでは、ひとりひとりの意見が尊重されます。同様に責任も、ミーティングの構成員全員で負います。

この責任について、これまでの症例に沿って検討しましょう。

まず発端は、母親がもうこれ以上は耐えられないと感じてメンタル・ヘルス・サービスの看護師に電話を入れています。看護師はすぐさま同僚の臨床心理士と一緒になって家庭を訪れ、家の中でミーティングをする段取りで一致します。そこに娘も加わり、四人の間には信頼が生じます。

母親が家の中でのミーティングがいいと思ったのは、もしかしたら当事者である息子も参加してくれるのではないかという期待があったからです。ミーティングが重なるにつれて、その通りになり、ついには父方の叔母までも加わったので、母親も妹も安堵します。

一方の看護師と臨床心理士は、家族の話に耳を傾け、家族を励まし続けます。こうして、家族が持っている本来の機能と力が発揮される糸口を摑むのです。この過程は決して作為によるものではなく、自然の成り行きで生じています。

(五) 心の流れを断ち切らない

これは、簡単に言えば、いったん成り立ったチームは、手助けが必要である限り、いつまでも続けられるということです。つまり期間の制限はありません。これによってメンバー間の絆も強化されます。

この継続性というのは、中心にいる当事者が病院や施設に移ったとしても、保持されます。場の変化があったとしても、チームの紐帯は切れないのです。

場合によっては、ミーティングの場所が変わると、メンバーの中には参加するのが難しくなる人が出るかもしれません。それでも、できるだけ参加してもらうという希望は持ち続けます。

また、当人が個別に精神療法を受け始めたりするときでも、このネットワーク・ミーティングは別個に続けられます。二本立てで当事者への関与が継続されるわけで、本人にとっては、より安心感が増す結果をもたらします。

こうして看護師と臨床心理士は数ヵ月間、家族とミーティングを重ねます。頻度は少しずつ減り、半年後には隔週のミーティングになりました。ミーティングでの話題は次第に広がりますが、やはり息子に関する話が中心です。息子は依然として隣人たちから悪口を言われていると語り、みんなもこれを真剣に問題にします。とはいえ、母親と妹のおかげで、息子と父親の関係が話題になることが増えます。本人が父と子の関係について語るのは、あったりなかったりです。

息子は時にはミーティングに参加している人たちに敵意を持ち、何のためにミーティングをしているのか、疑惑を持ったりすることもありました。しかし日数が経つにつれ、チームのメンバーに親近感を感じるようになり、特に最初からいるこの男性看護師に親しみを覚えるようになります。そのうち息子は毎回ミーティングに加わり出し、学校でいじめられたことや父親から暴力を受けたことなどを話すようになります。

それを聞いた看護師と臨床心理士は、少なからず衝撃を受けます。何故ならそれは度の過ぎた暴力であり、当事者の中に混乱と強い劣等感、および孤独感が生じたのは確かだったからです。

時にはミーティングの話題の中心は、母親と当事者の父である夫との関係がどうだったかになることもありました。そこから母親とその父親のむずかしい関係も話題になり、父親自身も冷たい人間で、暴力をふるうこともたびたびあったのです。母親がその父親から暴力を受けたという話を聞いた息子は、腹を立てて母親に同情を示すこともありました。そして自分もかつて、母親を殴ったことを思い出します。息子はそれを深く反省しているようで、そのあとの一週間ほど、母親と妹は本人が自傷行為でもしないか心配になります。チーム全体としても慎重な態度をとり続けます。一方で当事者のすまなかったと思う心情を評価し、こうして自分の体験を話してくれたことも誉めたのです。同時に、母親は、息子のほうが自分よりさらにひどい父親からの暴力の犠牲者だったと、メンバー全員に語ります。

この例でも分かるように、ここに働いている要素は何といっても継続性です。この〝心の流れを断ち切らない〟ことこそが、治療には重要なのです。これはまた〝感情の継続性〟と言い換えてもいいのかもしれません。チームとしての仕事は、お互いが心と感情を共有し、一方で当事者を手助けしていく能力を保持し続けることなのです。

(六)不確かさに耐えるネガティブ・ケイパビリティ

ネガティブ・ケイパビリティとは、前述のようにイギリスの詩人ジョン・キーツが初めて用いた概念です。「不確実さや神秘さ、疑いの中に、事実や理を早急に頼ることなく、居続けられる能力」のことです。

キーツが一八一七年十二月、二十二歳のときに、弟二人に宛てた手紙の中で書き記したこの言葉は、百五十年後に先述したビオンが『注意と解釈』の中で言及して、不滅のものになりました。

なおこの手紙が書かれたのは、十二月二十一日か二十七日かは分かりません。手書きですから、21と27の見分けがつかないのです。いずれにしても、この概念に到達するために、キーツが影響を受けた年長の二人の友人がいました。

そのひとりはリー・ハントです。演劇批評家で、「受動的能力（passive capacity）」を主張していました。役者は自分を積極的に前面に出して演じるべきではなく、自分を無にして周囲に溶け込ませる能力をこそ持たなくてはいけないと説いたのです。

もうひとりはウィリアム・ハズリットで、『人の活動の原理について（An Essay on the Principles of Human Action）』というこの人の著作を、キーツは読んでいました。この本の中でハズリットが主張していたのが、「無関心の想像力（disinterested imagination）」です。ハズリットによれば、人の心は生来的に無関心の状態にあるというのです。

詩人であるキーツは、この「受動的能力」と「無関心の想像力」から、詩人は自分というものを消し去って、透明な、エーテルのような状態で、対象の中に溶け込まなければならないという結論に達したのです。そして自分を打ち消して、傑作の数々を書いたのが、シェイクスピアだと賞讃しました。シェイクスピアの作品には、作者の主張はありません。世界そのものが、生のまま観客の前に提示されます。まさしく不確実さや神秘、疑念のうちに、劇の幕は下りるのです。しかし観客の胸の内には、『オセロ』の嫉妬、『マクベス』の野心、『リア王』での忘恩、『ハムレット』での自己疑惑が、他の作家の追従を許さない水準で、刻印されるのです。

キーツの「ネガティブ・ケイパビリティ」を再発見して、精神療法の領域で治療者はこの能力を保持しなければならないと説いたのがビオンでした。理由づけをし、事実を突きつけて患者と相対するのではなく、不思議さと神秘さの中に身を置き、徒手空拳で、目の前の患者と対話をしなさいと説いたのです。そのためには、精神分析の金科玉条の理論の記憶や理解はむしろ障害になる、患者をこう治療したいという欲望は捨てなくてはいけない、とも諭しました。

この説諭は、弟子たちには衝撃だったでしょう。なぜなら、若い弟子たちは、それまでの精神分析の膨大な知見を理解して頭に入れ、理論を目の前の患者に適用するのに懸命だったからです。そうではなく、答えのない世界に身を置いて、患者と対話するうちに、思いもかけない世界が見えてくるはずだと、ビオンは言い聞かせます。

このときビオンはもう晩年でしたから、若い精神分析家たちの固苦しい考え方に危惧を感じていたに違いありません。患者との対話そのものに回帰せよ、と言いたかったのでしょう。この提言は、忠実な弟子筋には異様に感じられたはずで、弟子筋でこのキーツの、そしてビオンのネガティブ・ケイパビリティの概念を、大切なものとして継承した人は皆無でした。

しかし、ここでビオンがネガティブ・ケイパビリティに言及したことによって、この概念は、精神分析の分野から精神医学の分野に広がり、さらに時を経るに従い、医療全体や教育界にも拡大したのです。その意味でビオンの功績は偉大でした。

その後、ビオンはこのネガティブ・ケイパビリティの概念を深化させます。これについては第四章で詳しく述べます。

オープン・ダイアローグでは、このネガティブ・ケイパビリティとともに、もうひとつ「知ろうとしない（not knowing）」が重要な要《かなめ》とされます。これはオープン・ダイアローグのサービスを施す側でも、その受け手側でも、謙虚さを保ち、柔軟性を持ち、好奇心と協調性を維持していくという態度です。この姿勢を崩さないことで、余りに早過ぎる理解をして、後に新しい意味が生まれて来るのを妨害する危険がなくなります。

注意深い傾聴によって生じるその新しい空間に、思ってもみなかった相互理解が生まれて、対話の質が向上するのです。決して急がず、性急な答えを出さず、決定などは遠ざけることで、チーム・ミーティングはどこまでも新鮮さを失いません。

特に先述した症例のような精神病の危機状態に関与する場合、ネットワーク・ミーティングがどうなっていくのか、当初は誰にも分かりません。しかし毎日、あるいは週に二、三回のミーティングを積み重ねていくうちに、各人が安心感と絆を感じるようになります。

とはいえ、最初のうちは先行きの分からなさで、家族が不安にかられるときもあります。その場合は、看護師がその家に留まり、翌日のミーティングまで徹夜をしてもいいのです。

結論を急がないためにも、治療者側は複数いたほうが、不確実性に耐えられます。この複数性がネットワーク・ミーティングをより安全なものにし、性急さを回避させると言えます。たとえ先が見えないミーティングでも、ここで何かが生じていると、ひとりひとりが感じるはずなのです。

通常こうした治療の現場で、よく実施されているのが、「評価（アセスメント）」です。平たく言えば、「まとめ」です。しかしオープン・ダイアローグではこの反対の「無評価」を大切にします。評価を放棄することによって、ミーティングに参加するメンバーはより自由に、より自然な対話ができるのです。

私はこの「無評価」こそがオープン・ダイアローグの醍醐味だと思っています。つまり対話を「まとめ」ないのが肝腎なのです。私がよく聞くＮＨＫのラジオ番組に、朝の五時から始まる「マイあさ！」があります。そのキャスターの口癖が「○○ということですね」です。聴取者と対話したあとは必ず、「○○ということですね」と言ってまとめます。ある時事問題を有識者に聞いたときも、「○○ということですね」と最後には口にします。すると有識者は「そうです」と答えるしかなくなります。

しかしこの「まとめ」は、それまでの長々とした対話の細部を帳消しにしてしまっています。それまで話した内容が「まとめ」られることによって、単純化されてしまうのです。

この「まとめ」は、相手が小学生か中学生ならいいでしょう。しかし大人が相手であれば、もっと対話の内容を広げたり、深めたりするために、「ほうそうですか、知りませんでした」とか、逆に質問をしてもいいし、あるいはそのまま「ありがとうございました」と言えばいいのです。

キャスターは聴取者への親切と考えて、この無謀な技を身につけたのでしょう。オープン・ダイアローグの対極にある、対話を閉ざす行為をしているのです。この対話の内容をまとめて、対話を閉ざす無謀さについても、あとの章で明らかにします。

ここで前の症例に戻りましょう。

看護師と臨床心理士、そして当事者の家族との間には、ミーティングを家庭で続けるという了解がありました。しかしこれが果たして続けられるのか、不安な状況を先々うまくおさめられるかについては、見通しはついていませんでした。

この点で有用だったのは、ひとつには看護師と臨床心理士が似たような事例を経験しているという自信でした。もうひとつは、家族は二十四時間いつでも、この二人に電話をかけられるという約束でした。これによって母親はいつ何どきでも電話をかけて、日々の変化や自分の不安感を伝えられたのです。特に母親にとってありがたかったのは、看護師も臨床心理士も聞いてくれるだけで、こうしたほうがいいとかの介入がなかったことです。有無を言わせずに性急に介入される心配がないので、母親も正直に何でも伝えられました。

最初の頃、息子である当事者の隣人たちへの行動は、理解しがたいものがありました。しかしミーティングを重ねることによって、その被害念慮がどうして生じているかが、明らかになったのです。

(七)あくまでも対話が中心

オープン・ダイアローグでは、対話こそがプロセスでありゴールです。危機的状況では、ネットワーク・メンバーは時として、状況に対して強い感情や意見を持っていて発言したくなります。当初その発言はひとり言のようであったり、途切れ途切れになったりします。しかしその後は、ネットワーク・メンバーの発言量が増え、お互いの発言に真剣に聞き入り、それに応じる発言も増加します。

このとき重要になってくるのがチーム・ワークです。危機的状況に対するミーティングでは、二、三人以上の進行係がいると、参加者全員が発言をし、聞いてもらえたという感慨が増えます。加えて、その内容に違いがあっても、各人がお互いの発言に聞き入ることで、対話そのものに新しい雰囲気が生じます。

もしチーム・メンバー間で、まだ解決されない、発言にも至らないものが残っていると、プロセスに悪い影響を与えます。これは参加者の性格や力関係、価値観の差によるものが大です。

対話は、目下必要とされるテーマに沿って進められるべきで、その中でお互いのやりとりがあり、思索が交叉します。その先に、ネットワークが目指す大切なものが見えてくるのです。

このとき重要なのは、症状の評価をしたり、診断をつけることではありません。お互いが体験していることを何ひとつ隠さず、また先々こうありたいという希望を述べ続けることが大切なのです。これは一直線に進むものではなく、成り行き任せになることも当然あります。

各人が重要だと思う言葉が単純に繰り返されるかもしれません。この反復を、ネットワーク・メンバーが自分の言葉でさらに十二分に言い直すと、対話は深まります。同じ言葉が繰り返されたとしても、それは決してオウム返しではないのです。

ここで参考になるのが、バフチンの「浸透する言葉」の概念です。バフチンによれば、同じ言葉が他の人によって繰り返されると、最初にその言葉を口にした人には重大な変化が生まれるというのです。言葉が他者によって反復されたとき、自分の発言が聞き届けられ、真剣に受け取られたと感じます。他人の口による繰り返しが、この受容されたという感慨を生み出し、そこにこそ、また違った切り口が見えてきます。

オープン・ダイアローグの核を成すのは、こうした答えながら聞き入るという形態です。言うなれば、「聞き入る返答」でしょう。言葉による対話と言葉によらない対話が交じりあい、ネットワーク・メンバーは発言の大切さを悟り、新しい雰囲気を創り出します。この雰囲気の中で、お互いが親密さを感じ、安心感に浸ることができ、一体感が深まります。

対話では、この今現在の感覚にこそ重点があり、ネットワークのメンバーはその瞬間瞬間に感動を覚えるのです。従って参加者は、この危機状況のまたとない瞬間を味わい、各瞬間のかけがえなさをしみじみと感じます。これこそが前述のバフチンが言った「生の一回限りの出来事」でしょう。

ミハイル・バフチン（一八九五―一九七五）は、ロシアの哲学者であり文芸批評家です。ペトログラード大学を卒業したあと、教師になり、レニングラードに赴任したとき、バフチン・サークルを結成します。そこに多様な分野の知性に豊んだ若者が集まり、文学や宗教、政治に関して、談議を百花繚乱させます。ここから多くの知識人が育っていったのはもちろんです。結婚後、二十八歳のときに骨髄炎と診断され、十五年後には片足切断に至ります。

この間、バフチンたちの革新運動はソビエトの秘密警察から目をつけられ、強制労働や流罪判決を受けます。バフチンの流罪地はカザフスタンでした。片足切断後、健康は回復し、全力で文学研究に励みます。関心の中心は「小説に於ける対話」でした。対象になった小説はロシア文学にとどまらず、ドイツ文学やフランス文学、イギリス文学、スペイン文学、さらにギリシャやローマの文学も射程に入れたのです。

しかしバフチンの著作や思想が評価されたのは死後でした。不幸にもソビエト時代の弾圧下で、バフチンの原稿は散り散りになり、全容は不明のままです。

とはいえ、一九二九年出版のドストエフスキーに関する研究『ドストエフスキーの創作の問題』は、一九六〇年代に再版され、これによってヨーロッパでも名が知られるようになります。

バフチンがドストエフスキーの独創として位置づけたのが、ポリフォニー（多声性）でした。「ドストエフスキーの作品は、文学上で特異な位置を占めている。彼の小説には、他人の強烈な言葉が二つの方法で存在している」と明言します。

そのひとつは登場人物たちの発言の中に、他の人物の発言と、解決できない矛盾がある点です。例えば生の生活の場面では、「私に対する他人の言葉」は大きいズレがあります。倫理上の生活に関してはそれ以上に、ある人物の判断や認識、または非認識が、別の人間とは大きな差があります。思想の面でも、登場人物たちはそれぞれが未解決の、また解決できないような対話を重ねます。その結果、ドストエフスキーの作品に登場する人物たちの発言は、他の人物たちの発言と終わりのない論争の場と化すのです。

二つ目は、ドストエフスキーの作品全体が作者の発言となっているのは当然ながら、それも同様に終わりがなく、登場人物間の対話も、未解決のままで終始し、作者本人と登場人物との間の対話も解決を見ないままに放置されます。小説の筋としては一応の完結が与えられてはいるものの、内面に於ける対話は不完全な、解決しようのないものとして残されます。

世の中には熱烈なドストエフスキーの愛好家がいます。私自身も若い頃、邦訳で読もうとした時期があります。しかし私の単純な頭では、どこか並の小説と違う複雑な重層性についていけず、途中で投げ出し、以来読まず仕舞いです。今回バフチンの解釈に接して、なるほどこれがドストエフスキー特有のいわゆるポリフォニーだったのかと理解しました。私の頭がそれに耐えられなかったのだと、今回やっと納得しました。

ネットワーク・ミーティングの醍醐味

このような精神病に苦労する家族のネットワーク・ミーティングの成果をよく検討すると、精神科医の関与よりも、メンバーがオープン・ダイアローグに徹したほうが、予後が良いことが判明しています。

つまり当事者と家族がさまざまに胸の内を語ることによって、危機的状況がうまくおさまるのです。それまでの生活史が、本人および家族によってミーティングの俎上に載せられれば載せられるほど、オープン・ダイアローグの可能性が高まると言えます。

これこそがオープン・ダイアローグの望ましい姿であり、参加者が自分の感じる問題点を表明することで、ソーシャル・ネットワークの価値が高まり、そこにまた次の創造的な空間が形成されるのです。

ここで参考になるのが、「立会人」と「傍観者」という区別でしょう。精神科医のような人がその立場に固執して、あれこれ意見を述べるのが、傍観者の言説です。これに対してネットワークに参加している人は、通常の平易な言葉を使います。そしてその場の立会人つまり目撃者として発言するので、専門家が外から観察して、専門用語を使ってあれこれ言うのとは、大きな違いがあります。

とはいえ、その専門家が自らの立場を捨てて、ミーティングの一員として参加すると、対話の価値が高まります。このとき専門家は、自らの感情に気をつけながら発言するので、発言が対話そのものに影響を及ぼし、各人の生活史にまた新たな光が当てられるのです。これもネットワーク・ミーティングの醍醐味と言えます。

ともあれ、オープン・ダイアローグには自然に創造性が備わっていて、参加者の間に、新たな理解が生まれる空間が形成されます。それまで思いもかけなかった言葉や物語が、浮かび上がって発言されるのです。この現象は事前に分かるものではなく、やっていくうちに分かってくるものなのです。

自分の行動への理解と決意

さてこれまで述べてきた症例がどうなったのか、経過を辿りましょう。

この対話が中心だという原則を保持しながら、看護師と臨床心理士は注意深く、ネットワーク・メンバーがさらに自らの物語を語る余地を残すように工夫しました。このときも大切なのは、ネットワークの各メンバーの生き生きとした体験です。誰もが現状とこれまで生じた事柄について、見通しを共有する機会を持つのが重要になるのです。

息子である当事者の、近所の人たちから迫害されているという体験が、主要なテーマであるのは当然です。しかしこの迫害体験にばかり焦点を当てるのではなく、またその体験を矯正するのでもなく、慎重に空白状態を作り出します。その空白の中でこそ、本人も他のメンバーも重要な体験を口にすることができます。その過程で、当事者は近所から受けていそうな体験のみならず、学校でのいじめや、父親からの虐待についても発言するやもしれません。当人がこれらの辛い体験を語れるかどうかは、このミーティングで他のメンバーと感情の上でつながっているかにかかってきます。ミーティングのメンバーへの信頼度が増すにつれて、隣人からの迫害体験も減っていくはずです。

ネットワーク・ミーティングで、看護師と臨床心理士の意見が違うときも当然あって、それはわざとするときもあれば、自然にそうなるときもあったりします。各人の考え方が違うのは、互いの了解事項でもあります。この二人は、何かについての解釈を述べることは控えていました。専門家らしい立場からの発言は、オープン・ダイアローグの可能性を閉ざしてしまうからです。

看護師自身は、当事者が父親から暴力をふるわれていた体験を聞いて以来、自分もそうだったということに気がついていました。この事実をミーティングで口にすれば、当事者がより自分の胸の内をさらけ出してくれるかもしれないと思う反面、そうしてしまうと、本人と自分の体験が違うという側面を閉ざしてしまう危険性があるとも気がつくのです。

しかし母親がその父親からも虐待されていたと知って、当事者が同情を示している事実は重要な点でした。確かに母親が話しているとき、息子である当事者はじっと聞き入っています。そこで臨床心理士は、息子の中で何が起こっているのかに注意を向け、母親が話し終わったあと、この点について当事者に訊いてみたのです。

そうすると息子は母親の体験に関して、自分の言葉でどう感じているかを、生き生きと語ったのです。そこには明らかに母親への同情と、守ってやりたいと思う感情が芽生えていました。当事者はもはや〝患者〟ではなく、母に寄り添う二十歳の若者だったのです。ところがこうして、当事者が自分も父親や祖父同様に、母親を虐待していたのに気がついたあと、情緒不安定になりました。他のメンバーもその不安定さが心配になります。

そこでこの時期、ミーティングの頻度を増やし、当事者の体験についての対話や配慮が重ねられました。その結果、次第に本人は自分の行動についての自覚ができ、自分を責めてしまう面が減っていきました。

この自分の行動に対する理解と責任感が、家族の歴史を知ることによって生じてきたのです。これはまた、自分は父親や祖父とは違うぞという、決意でもあったのです。

この症例がどうなったのかという結末は、明示しないほうがいいでしょう。読者が各自想像すると、そこにもオープン・ダイアローグの余地が生まれるはずです。

おそらく本人はこのあと、隣近所を独言しながら徘徊する代わりに、もっと有意義で自分のためになる行動をとるでしょう。学業に戻ったり、職を見つけたりするかもしれません。

あるいはまた、このネットワーク・ミーティングに、職業訓練に詳しい人や、学業への進路指導をする人を加える手もあるでしょう。

この過程で当事者が友人関係でつまずいたときは、ネットワーク・ミーティングにひとりか二人の友人を招いてもいいでしょう。

その他にも、本人自身がこの続行しているネットワーク・ミーティングと並行して、個人で心理療法を受ける道を選ぶかもしれません。

三　オープン・ダイアローグの根幹

留意すべき三要素

以上、オープン・ダイアローグの七本の柱について、症例を示しながら述べてきました。これらの七本の柱の他にも、留意すべき三要素があります。それは、平等・民主主義・敬意と、透明性、そして成り行き任せ、です。

(一)平等・民主主義・敬意

これまで辿ってきたように、オープン・ダイアローグの中には、参加者全員の体験に対する深い敬意が存在します。メンバーが追求しているのは、意見の一致や合意ではありません。それよりも、多様な見解や声を、創造性の中で対比させるのを目指すのです。たとえ各個人間に緊張があり、個人の中に不安があってもです。

前述したバフチンによると、前者は「外部のポリフォニー」であり、後者は「内面のポリフォニー」です。

言い換えれば、ネットワーク・ミーティングではすべての発言が平等に扱われます。専門家の意見に重きが置かれるのではありません。もちろん、ある問題に関して、メンバー間の意見の相異が明らかになることだってあります。それをどう取り扱うかに困難が生じたときには、他のネットワーク・メンバーに加わってもらい、出口を見出すのも可能です。

(二) 透明性

オープン・ダイアローグでは、看護師や臨床心理士、ソーシャル・ワーカーなどの専門家が、ミーティング以外の場所でネットワークについて話し合うようにはなっていません。その理由は、ネットワークそのものを大切にするためだけでなく、対話がネットワークの中でなされてこそ、オープン・ダイアローグの質が高まるからです。困難な問題にぶつかったとき、専門家は、自分の意見を言ってミーティングのメンバーをどこか話題の外に導くのではなく、あくまでもミーティングの中でうまく他の発言を尊重しながら、そこでの出口を見出すべきなのです。

もちろん、ネットワーク・ミーティングに加わっている看護師や臨床心理士といった治療チームが、他の熟練した専門家の指導を受ける機会があるかもしれません。その場合でも、家族のネットワークの問題ではなく、ネットワーク・ミーティングの中での自分の体験そのものに重点を置いて、指導してもらうべきです。

互いの考えを突き合わせるのも、透明性のひとつの要素です。少なくともミーティングの中で一回は、看護師や臨床心理士といった治療チームのメンバーは、お互いにどう思っているかを共有すべきです。これまでのミーティングで、どう感じたか、どんな連想をしたかを口にすると、この対話が他の家族メンバーにも明らかになります。治療チームの発言が家族の目の前でなされると、その透明性の中から家族の信頼も生じます。

特にネットワーク・メンバーが自分の体験上の心配事があるとき、看護師や臨床心理士が自然に各メンバーに熟考を促すのもいいです。その他にも、ミーティングの場に緊張が生まれたときや、メンバーが理解に苦しんでいるときなど、それを対話の主題にするのも有効です。

つまり専門職の治療チームの対話を、家族のメンバーがじかに目にし、言葉を聞いたうえで、家族がどう思うかを発言すればいいのです。そこにこそまた新たな視点が加わり、ネットワーク・ミーティングの内容が豊かになります。この自由で揺らぎのある対話の過程で、ミーティングの場に生じていた緊張も、各人が抱いていた不安や怯え、そしてまた不可解だという疑問も解消していくはずです。

(三) 成り行きこそが重要

オープン・ダイアローグにゴールはありません。その過程《プロセス》こそが重要なのです。長い間ネットワーク・ミーティングに身を置くという体験が、自身の生き方にも変化をもたらします。こうして種々の問題について、いろいろなやり方で話題にしていくところにオープン・ダイアローグのうま味があります。

そこには専門職と当人、そして家族がそれぞれの体験を述べ合い、互いに照らし合わせながら時間と場を共有するという、これまでなかった創造をもたらす時空が息づいています。

もちろん、さまざまな危機に応じた成り行きがあるはずなので、一般化するのはむずかしいのですが、モノローグよりも対話によるコミュニケーションのほうが確実に危機に対応できるはずです。

他方、各メンバーがネットワーク・ミーティングの中で発言し、他のメンバーの発言を聞き続けるうちに、新しい問題が話題になるのも当然の成り行きでしょう。ネットワーク・メンバーがある強烈な感情に襲われたとき、それを口にし、他のメンバーが真剣に聞いて、またその感情を吐露すると、違うメンバーにも自分なりの感情が喚起されます。その際、各自に異なる感情が生まれているはずで、そこには結論めいたものはありません。

各メンバーの発言が違ったまま、ミーティングの中に空白を作り、いくつもの感情が花開いたままで、その日のミーティングは幕を下ろします。

この未完の感情は各人の心身の中で、再び成長し、あるいは成熟していき、本人も予期しなかった心身上の地点まで導かれているかもしれません。この体験の上にまた新たな地平が開けてくるのだと言えます。

これこそが、いわば天動説から地動説への大転換なのです。従来の天動説では、専門職の意見が重視され、トップダウンでミーティングが展開されていました。また天動説では生物学的基盤に重きが置かれていました。そうではなく、地動説では社会の構造に重点を置きます。また天動説での原因探しから、地動説での理由の模索と関係づくりへと方向が百八十度転回しているのです。

理解のための補助線

以上でオープン・ダイアローグの概要を述べてきたのですが、今ひとつ鍵となる要素が理解できないという向きもあるでしょう。以下に、理解のための補助線として十の要素を列挙します。

①オープン・ダイアローグは、端的に言えば空間づくりであり、その中で当事者本人と、本人にとって重要な人々が一緒になって、そのケアについて語り始めることを可能にします。

②その空間と信頼が基盤となって、それまで何年も封印されていた、深くて辛いトラウマが語られます。

③それを核として、メンバーたちは別々の事実をつなぎ合わせ、理解を深めていくその臨場感が参加者の魂を揺さぶります。
④深層にあるトラウマが語られたとしても、それに対する答えや解釈はできうる限り遠ざけ、語られ尽くすまで待たなければなりません。
⑤それを保証するのがネットワークであり、何を言ってもいいという安全な空間です。
⑥そこでものを言うのは各人の言葉の力であり、みんなが同席して耳を傾けているという感覚です。
⑦このネットワークこそが、事態を変えていく強力なてこになります。
⑧最後に発言するのは、当事者本人にすべきで、そこに次のミーティングまでの空間が形成されます。
⑨当座の目標は、参加者の声がすべて傾聴されるという空間づくりです。そのためには常に信頼のある関係づくりに腐心しなければなりません。
⑩オープン・ダイアローグの質を確保するのは謙虚さであり、ミーティングでは、誰かがそれを支配し、いわば託宣を述べるようなことをしてはなりません。他

人の発言から何かを学ぼうとする謙虚さによって、参加者間の紐帯が強化されます。

オープン・ダイアローグと自助グループ

どうでしょうか。ここまでオープン・ダイアローグの概念と実際の流れを紹介してきました。第一章で述べた自助グループのミーティングと、どこか通じる所があると感じられませんか。

自助グループのミーティングは、自然発生的にあのような「言いっ放しの聞きっ放し」の作法に至ったのでしょう。手探りで行きついた先が、あのミーティングだと言えます。

それに対してオープン・ダイアローグは、バフチンの「ポリフォニー」の概念に基づいて、臨床に応用された手法です。応用される過程で、概念に基づいた理論も洗練されていっています。

私はその両者ともが、かけがえのない利点を持っていると考えます。さらにこれら二つのミーティングのあり方は、世の中で是とされている従来の古色蒼然とした会議《ミーティング》に、新たな視点を提供してくれると信じて疑いません。

第三章　悪を生む会議と人を成長させるミーティング

これまでネガティブ・ケイパビリティを陰の共通項とする、ミーティングと対話の形を見てきました。自助グループでの心を開いての言いっ放しと聞きっ放し、自分のことだけを口にし、結論もないミーティング、そしてオープン・ダイアローグでは、ポリフォニーを武器として、当事者を含めた何人もの人たちが、説得や助言なしに、自分の考えを述べ合って、ミーティングを延々と重ねるうちに、当事者のメンタル・ヘルスが回復する事実が示されました。

自助グループのミーティングでは、ギャンブル脳を持った患者さんが、自分の病気に気づき、周囲にかけた迷惑に思い至り、自分の性格上の欠点を治しつつ、回復していきます。オープン・ダイアローグでは、精神病の危機にある患者さんや依頼者の許に、治療スタッフが毎日のように駆けつけ、家族も巻き込んで対話を重ねるうちに、患者さんを苦しめていた被害妄想や幻聴は影を潜めます。

両者に共通するのは、すべてが未来に向けられていて、人の存在は周囲からあれこれ言われて固められるものではないという見方です。ミーティングにおける対話はカーニバルのようであるべきで、雑多な意見が披露され、種々の声が行き交う開かれた場であるべきなのです。後述するプラトンの『饗宴』がその代表です。そこでは終わりのない対話が繰り返されていました。

こうしてみると、実は私たちが子供の頃から出て慣らされている会議《ミーティング》は、実に古色蒼然とした遺物のような気がします。真の会議とは何か、が問われないままに漫然と続けられています。その結果、害毒が流れ出ないのなら、そのままで構わないでしょう。しかし事実は、旧態依然とした会議の弊害がいくつも、社会のあちこちで生じているのです。

この章では、旧い形の会議が与えた害毒の例を、現代から歴史をさかのぼり、未来への懸念も詳述します。そのあとで、私が経験した、これぞ本当の生きた会議ではないかという実例を紹介します。

一　悪を生む会議の現在

宝塚歌劇団の虐待

二〇二三年には、世間があっと驚く事件が三件起こりました。そのどれもが、常識や良心から大きく逸脱した異様な事件でした。三件とも、世間で大きな企業だと認められていた組織で生じていたのです。いったいこの組織の中で、会議は機能していたのだろうかと思わざるをえません。企業ですから、会議がないはずはありません。本部でも会議が月に何度ももたれ、現場でも会議がない月などなかったはずです。それなのに三つの組織で前代未聞の悪行が生じていたのです。

まず第一は、宝塚歌劇団の劇団員の死と、その後の劇団幹部、そして会社側の非情極まる対応です。被害者（Aさんとします）が受け続けた、信じがたいほどの嫌がらせといじめは以下の通りでした。

Aさんが自分でヘアアイロンを使って髪を巻こうとしているのに、上級生が「巻いてやる」と言って額に一ヵ月以上痕が残る火傷を負わせました。しかも何ら謝罪もしなかったというのですから、これはもうわざとやった傷害です。

新人公演の直前の二日間、深夜に上級生からAさんは髪飾りの作り直しを強要されています。深夜に仕事をさせて当然という感覚が、所属していた宙組の上層部に浸透していたのです。通常の組織であれば、昼間に組の全員で髪飾りの仕事に取り組めばいいのです。これは虐待の一種です。

新人公演が終わったあと、上級生がAさんに頭ごなしに、「あなたダメね」というような、人格を否定する発言をしています。

それでもAさんは、望んで努力の果てに入団した劇団なので、懸命に耐え続けています。そして一年半後に、宙組のプロデューサーが会議室を用意します。その会議室にAさんはひとり呼び出され、宙組の幹部四人から説教されます。その後、宙組全員の集会が開かれ、Aさんは過呼吸発作に襲われます。これはもうAさんの心が、既に怪我をした状態にあった事実を示しています。全体集会を仕切っているのは上級生たちでしょう。ここで再度何をされるかという不安に、Aさんがかられたのは間違いありません。

Aさんはたまらず、宙組のプロデューサーに組替えを求めますが、無視されます。

Aさんにとって、もはや逃げ道はなくなります。

それでも耐え続けたAさんに、また新人公演の準備が巡ってきたのが、二〇二三年の秋です。新人公演の配役表に関する一件で、宙組幹部は何と午後十時以降になっても、Aさんを叱責しながら指導したのです。結局、その日の帰宅は日が変わってからになりました。

そのあともAさんへの虐待は、新人公演が近づくにつれて激化します。演出担当者の怠慢で生じた業務を、Aさんが肩代わりさせられ、衣装部門から上がって来た苦情も、上級生はAさんの責任だとして叱責します。これは下級生の衣装の取り扱い方が悪かったからですが、Aさんの指導が悪いのだと因縁をつけたのです。

いよいよ新人公演が目前に迫ると、宙組上級生のAさんへの虐待は激しさを増します。Aさんには何の落ち度もないのに、大声で叱責します。「指導」という名目でです。これは二日間にわたって続けられ、上級生はもうひとりの上級生を呼んで、二人で叱責「指導」します。挙句の果てには、何人もの上級生がいる前で、Aさんに嘘をついているだろうと、何度も詰問します。

こうやってAさんに対する暴力と暴言、虐待を綴っていると、これが芸術を売りものとする劇団のすることかと、私は怒りにかられます。

Aさんに対する二年もの虐待の間に、上級生たちは必ずや公演に向けてのミーティングを開いていたはずです。上級生の中には、Aさんへの虐待を見聞きした人もいたでしょう。これは人間としてしてはいけないこと、一種の犯罪ではないかと思った劇団員もいたはずです。

しかし「どこかおかしくはないですか」と問い質す劇団員は、ひとりとしていませんでした。ミーティングは、最重要な問題を棚上げして、公演のための練習と段取りだけが議題になっていたに違いありません。それも上意下達で、中堅や下級生は「はい」としか言えない雰囲気が支配していたのです。

こういう異様な宙組の実態は、プロデューサーも知っていたでしょうが、放置していました。とすると、この虐待という犯罪を放置する風潮は、宝塚歌劇団、またそれを管轄する阪急阪神ホールディングスにも広がっていたとしか考えられません。この実態は、後日明白になります。

劇団の次期理事長は、居丈高に虐待の「証拠を出せ」と居直ります。阪急阪神ホールディングスの執行役員も、この虐待の事実を前にして、謝罪とは反対の、不満と苛立ちを顔に表していました。

これも、劇団の理事会、阪急阪神ホールディングスの取締役会の会議が、機能不全に陥っている証拠です。会議の目的は、ひたすら利益追求です。その利益のためには、劇団員の人権はゼロであり、劇団員は使い捨ての駒だと考えているのでしょう。

こうした上層部ですから、Aさんに虐待犯罪をした上級生の実行犯たちには、詫び状を提出させただけで、処分はなしにしました。何の改善策も示されていないので、宝塚歌劇団ではこのような虐待が今後も続けられていくでしょう。組織内部の会議が本来の機能を失ったとき、このような悪が紡ぎ出される実例です。

一年後の二〇二四年九月になって、労働基準監督署は歌劇団を運営する阪急電鉄に対して、是正勧告を出しました。Aさんが他の多くの団員同様にフリーランスだったとはいえ、雇用された労働者と見なして、労務管理の不備を指摘したのです。

本来であれば、虐待ですから動くべきは警察でしょう。阪急電鉄は、歌劇団の改革に努めるというコメントを出しています。改革に至るかどうかは、小手先の対応策ではなく、悪を生んでいる会議を変えられるかにかかっています。

あるべき団員のミーティングでは、全員が心を開いて自分のことだけを口にするのです。上級生も下級生を責めるのではなく、自分はこういう努力はしているもののまだ充分ではない、と自分の話をすればいいのです。そうすれば各自が他の団員の状況を知って、協力していこうという意識が芽生えます。その過程で、やはりここは労働条件を改善すべきだという方向性が見えてくるかもしれません。

そんな現場の要請を受けて、会社側の会議でも各出席者が忌憚のない考えを口にします。社長だけが自らの見解を押しつけるのではなく、発言には平等性が保障されています。そうすれば利益一辺倒の今のやり方では、将来に禍根を残すのではないかという会議の流れになっていくでしょう。まさしくポリフォニーが功を奏するのです。

ビッグモーター事件

二〇二三年に明るみに出た驚くべき第二の悪行は、中古車販売のビッグモーター事件でした。ビッグモーター側が修理のために預かった客の車のタイヤをわざとパンクさせ、工賃を水増ししていたのです。客が保険にはいっていたら、損保会社に保険金を不正に請求します。客はその結果、保険の階級が下がり、支払う保険料が高くなります。

損保会社は、ビッグモーターの不正請求によって水増しされた金額を支払うしかありません。ビッグモーターの企業理念は、このような利益至上主義でした。利益を出すためには、何でもやれというのが、創業者の社長とその息子の副社長の考えだったのです。従業員はその奴隷であり、本部の幹部はその総元締めです。

利益を出すためには、従業員に過剰なノルマを課さなければなりません。多少傷がついた車を、人の手でさらに壊せば利益は上がります。長時間働かせても利益は出ます。勤務時間は九時から二十時が普通だったと言います。

会社を目立つようにするためには、歩道脇の街路樹は邪魔です。落葉樹であれば、掃除もしなければなりません。ですから切るか除草剤で枯らす方策がとられました。

こんなビッグモーターでも、会議は月一回、週一回、いや毎日行われていたはずです。しかしその会議は例によって、悪を生む会議だったと思われます。本部では、どうやって支店を絞り上げて、ノルマを達成させられるか、達成できない支店では、店長を降格すべきかどうかが議題になったでしょう。利益目標の前では、従業員の人権や待遇などは問題にすらならなかったのです。

また現場でも、会議は頻繁に持たれていたでしょう。「利益目標はとても達成できるものではありません」と、反対意見を述べようものなら、「お前に能力がないからだよ」と店長からは叱責されます。懲罰としての一日中の草むしりも、平気で行われていたようです。しかも炎天下です。それが不満でブツブツ言おうものなら解雇です。

この実態は宝塚歌劇団と瓜二つです。さすがにこの理不尽極まる会社の実情が明らかになると、世間の風当たりは強くなり、客が減り、取引も激減します。

もはや利益が出なくなったと見た創業者は、二〇二四年に伊藤忠商事を中心とする企業再生ファンドの買収を受諾します。

新体制となり、創業者一族の影響はなくなったものの、これまでの本部の幹部はそっくり残されました。骨の髄まで超利益主義に染まった上層部ですから、創業者が去ったとしても、旧態依然の会議はそのまま残っているでしょう。支店の各現場の会議に変化が起こっているとも考えられません。

会議を変更するという発想すら、新体制といえども、上から下まで皆無のはずです。

これまで論じてきたような方向に会議の質を変えると、あっという間に会社の体質は変わっていくでしょう。改革の鍵は、宝塚歌劇団にしてもビッグモーターにしても、会議ひとつにかかっているのです。

これでビッグモーター事件も一件落着したかと思うと、早とちりで、二〇二四年になって、ビッグモーターから損害を受けたはずの損保ジャパンに行政処分が実施されます。

事件の発覚後、損保会社各社は取引を中止していたのですが、損保ジャパンのみがすぐに取引を再開していました。それもそのはず損保ジャパンは、多数の社員をビッグモーターに出向させていたのです。癒着ですから、いち早く不正に気がついていたはずなのに、知らない顔をしていたのです。ビッグモーターが中古車を販売した際、損害保険会社を客に選ばせます。癒着のため、出向した社員は当然損保ジャパンを勧めます。こうして損保ジャパンは市場のシェアを拡大していました。不正を黙認するのも当然で、これによって顧客の被害はより拡大したのです。

法令順守に反する行為を助長したとして、損保ジャパンの社長は引責辞任します。さらに統治体制の不備を問われて、ＳＯＭＰＯホールディングスの会長も退任に追い込まれました。

このＳＯＭＰＯホールディングスの会長は、経済同友会の代表幹事も務め、日頃から企業統治が重大だと訴え続けていたと言います。その自らが張り子の虎だったのです。

これも、損保ジャパンにおける上から下に繋がる会議が無益だったことの証です。無益ならまだしも、害毒を流していたのです。

誰もが意見を言い合え、「これは変です」「あってはならないことです」とＮＯを言える会議が開催されておれば、不正はとうの昔に発見され、是正されていたはずです。

社長や会長が辞任したところで、この内部に存在する会議が変わらなければ、不祥事はまた起こるでしょう。

ダイハツの不正問題

三件目は、ダイハツ工業認証試験不正問題です。これは内部通報によって発覚した点で、ビッグモーターと似ています。会議が機能不全に陥った組織や企業では、もはやこうした内部告発しか、改革の手段は残されていないのでしょう。

しかし内部通報は、悪や不正が極限に達したときに行われるのが通常で、その時点までに大量の悪が垂れ流され、不正が放置されるのです。その結果、不正の余波は、親会社のトヨタ自動車や、ダイハツ工業製の車両を利用するマツダやスバルなどの他社にも及びました。

対象となった車は、タイとマレーシア、インドネシアで生産されていた他、日本国内向けに製造・販売している車でした。これによってダイハツはテレビのCMをやめ、予定していた七代目「ムーヴ」の発売も延期します。

しかし不正は側面衝突試験にとどまらず、第三者委員会の調査で、新たに二十五の試験項目で百七十四件の不正が見つかりました。対象は六十四車種にも及び、ついにダイハツは国内外で販売する全車種を出荷停止にします。

とはいえ、最も古い不正は一九八九年まで遡ると言います。量産時にはしない加工を施して、試験のときだけエンジンの出力を向上させていたのです。粉飾決算のようなものです。その背後には過度な短期開発があり、データを取るための充分な余裕がなかったのでしょう。

まさに、上の無茶で、下が不正に走らされた実例です。こういう場合も、上と下を含めた会議はたびたび開かれたのでしょう。しかしNOを発する者はおらず、ポリフォニーもなく、ひたすら上意下達で事は進んだのです。

続出する企業の不正

こうした企業の悪の行為は、二〇二四年になっても続出します。まず年が明けて大問題となったのは、小林製薬の紅麹サプリによる健康被害でした。紅麹にコレステロールを下げる作用があると宣伝され、その他の食品にも長年にわたって使用されていたので、腎障害のために死者が出た事実は、サプリメント業界や食品業界を驚愕させました。

紅麹に混入していたカビの毒素が原因と判明してから、生産過程の不潔な環境が指摘されました。このカビの多い環境に気がついた従業員もいたはずなので、何かの会議の折に、「これは普通ではありません」と発言をし、それが共有されていれば、被害は回避できたのです。無益な会議が上層部でも現場でも続けられ、挙句の果てにこの惨状に行き着いたのです。

そのあと七月に、JR貨物の貨物列車が脱線したのをきっかけに、JR貨物での大規模な不正が発覚しました。嵐でも地震でもないのに、貨物列車が脱線したとマスメディアが報じた際、妙だなと私は感じていました。脱線の原因は、車輪と車軸の間に生じた摩滅消耗によって車軸が折れたことでした。それで、急ぎ調査をした結果、車軸と車輪をはめ合わせる作業で、データ改ざんなどの不正をしていた事実が明るみに出たのです。

ＪＲ貨物では、不正が確認された貨車は五百六十四両にのぼり、使用を続けると故障の恐れがあると見て、再検査をしています。

この不正は当然、上から下まで誰もが気がついていたようです。しかしやり直すと費用がかかるという理由で、隠し続けていたのです。

ＪＲ貨物でも、会議は何ヵ所かで定期的にもたれていたはずです。しかし誰ひとり、「これを放置すれば、いつかは脱線事故が起こります」と、手を上げて警告する社員はいなかったのです。そのため、貨車は我が身を犠牲にして、脱線してやったのでしょう。人間よりも貨車のほうが、正しい道を選んだと言えます。

私の住む福岡県でも、不正の隠蔽事故が発生しました。私も若い頃よく利用したＪＲ九州高速船が、船体への浸水を隠して運航を続けていたという犯罪です。

かつて知床遊覧船が浸水事故で沈没した記憶も新しいうちに、この犯罪ですから開いた口がふさがりません。修理に出せば、数ヵ月は運航ができないため、収益が大幅に減ります。そこで社長の決定で、運航続行になっていました。

この会社でも、毎月か毎週、会議は開かれていたでしょう。しかし取締役の誰ひとり、そして運航する現場や修理の現場での会議でも、誰ひとり、「これは企業モラルに反します」と反対した社員はいなかったのです。

社長の命令なので、誰も異を唱える社員がいなかった事実は、次に詳述する旧日本軍の作戦会議を思い起こさせます。

二　旧日本軍の悲惨な作戦会議

日露戦争での旅順攻防戦

ここ数年来、取り組んでいるのは『正馬伝《しょうまでん》』です。神経症および通常の人のメンタル・ヘルスに、大きな効果を発揮するのが森田療法です。その創始者である森田正馬の生涯を調べていて、これは尋常ではない戦闘だと憤りを感じたのが、日露戦争での旅順攻防戦でした。というのも、正馬の実弟の徳弥がこの戦闘で戦死しているからです。正馬は後日その戦死状況を以下のように記しています。

（一九〇四年の）八月二十日ヨリ二十四日ニ亘ル第一回旅順総攻撃ニ参加シ、東鶏冠山北砲台ヲ突撃シ、激烈ナル敵ノ銃砲火ヲヲカシテ砲台直下ニ突進シ、敵ノ十字中ニ陥リ、進退キハマリテ、後続部隊ノ来ルヲ待チ、飲食ヲタツコト二昼夜ニ及ブ。次イデ二十四日夜再ビ突撃隊ニ加ハリテ猛進シ、遂ニ敵弾ノタメ頭部、腰部等ノ数ヶ所ノ負傷ヲナシタルモ、後方ニ収容サルコト能ハズシテ生死不明トナル。同日付ヲ以テ陸軍歩兵軍曹ニ任ゼラレ、後明治三十八年一月四日同処ニ死体発見サレ戦死ト認定サレタ。

実に冷静な記述の中に、正馬の無念さが切々と込められています。というのも、出征の前に徳弥は、正馬が教鞭を執ることが決まっている慈恵医院医学校の第三年生に転入学が許されていたからです。自分と同じく医師の道に踏み出す弟を、正馬はどれほど喜んでいたでしょう。それを戦いが台無しにしたのでした。

日本陸軍の第三軍によるこの第一回総攻撃での死傷者は約一万五千、ロシア軍の死傷者はその十分の一でした。戦果は一部のロシア軍堡塁の占拠のみで、無謀な攻撃に終わったのです。

日本軍の戦術の稚拙さは、徳弥の戦死が八月下旬だったのにもかかわらず、死体の発見は四ヵ月後になったという点に露呈しています。この死体収容の遅さが、そもそも戦術の浅はかさを証明しているのです。

第三軍は九月中旬の第二回総攻撃でも失敗します。そして十一月下旬の第三回総攻撃によって、旅順の永久堡塁後方にある二〇三高地を陥落させます。しかしその後も戦闘は続き、六万人近い損害を出して、一九〇五年一月一日、ようやく旅順のロシア軍が降伏します。

第三軍の軍司令官乃木希典大将の指揮下にはいったのは、関東の第一師団、北海道の第七師団、北陸の第九師団、そして四国の第十一師団です。正馬の弟徳弥がいたのは第十一師団でした。投入されたのは十六万人の兵力で、うち六万人の死傷者を出したのですから、これは兵力を無駄使いした戦闘と言えます。そこには司令官としての乃木大将の無策ぶりが反映されていると私は感じて、腹が立ったのです。

しかし実際は、優柔不断な軍参謀長に閉口しながらも、第一回総攻撃の失敗に学んで、第二回総攻撃では別の攻撃法を採用、これも失敗すると、第三回の総攻撃の最終段階で、適切な突撃地点に戦力を集中させ、土壇場で戦いを勝利に導いたようです。

つまり乃木司令官は失敗のたびに学び、戦術を柔軟に変え、その間、師団長をうまく統率し、前線の兵士たちの中に足を運び、士気を高めたという点で、名将だったようです。

しかし乃木将軍自身は、旅順陥落直後に、親友の寺内正毅《まさたけ》陸相に手紙を出し、この戦いは「無智無策の腕力戦」だったと反省しています。これが本音でしょう。

第三軍を編制する時点で充分な作戦会議が行われていれば、戦闘を仕掛ける上での問題の多くが、作戦開始時に明らかになっていたはずです。例えば、ロシア軍の兵力、永久堡塁の構造、それを取り巻く堡塁の位置を含めた周辺の地理、必要となる大砲の種類、砲弾の数、戦闘地まで砲弾や資材を運ぶための補給路の確保など、論点はいくらでもあったでしょう。戦闘開始後も、有益な作戦会議があれば、幾多の修正点が明らかになっていたはずです。

事前の問題点の洗い出しがなかったため、司令官は薄闇の中を歩くようにして、作戦を進めざるを得なかったのでしょう。乃木将軍の「無智無策の腕力戦」はまさしくそれを要約した言葉と言えます。「腕力戦」の陰で、正馬の弟徳弥の人生は閉ざされたのです。行き当たりばったりの、ギャンブルのような作戦で、命を絶たれた兵士は、死んでも死にきれません。

特に徳弥がいた第十一師団は幹部の多くが、能力に欠けていたようです。師団長は前線で指揮をとらず、徳弥の属する第四十四連隊長は、高知で多くの戦死者を出したので、地元では評判の悪者とされました。

第二次世界大戦でのインパール作戦

もうひとつ、私が取り上げるのは第二次世界大戦でのインパール作戦です。二〇一一年に刊行した『蛍の航跡　軍医たちの黙示録』の「抗命」では、インパール作戦に参加した烈兵団の兵団長を精神鑑定した軍医を主人公にしました。烈兵団長の佐藤中将は牟田口軍司令官の進軍命令を拒否して、兵団を退却させたため、解任されて軍法会議にかけられる手はずでした。その前に、精神異常をきたしていないかどうかの鑑定が必要だったのです。

精神医学を専攻しているその軍医は、現在の烈兵団長の精神状態のほかに、退却を決断したときの精神状態も調べなければなりません。そのために、兵団長に随行してきた副官に話を聞き、兵団長が軍司令部に宛てた電報の写しも検討します。その戦闘自体が、事前に詳細な調査がなされぬまま、安易な発案で実行に移された事実を知るのです。

インパール作戦の発案者は、第十五軍の軍司令官牟田口廉也中将でした。目的はビルマ国境を越えてインドに進攻し、インドを独立させてイギリスの勢力を弱体化させるというものでした。そのためインパールを三方面から包囲して、イギリスとインド軍をそこで殲滅するという壮大な構想です。

問題となるのは当然ながら、兵器や弾薬、資材の輸送と食糧でした。これに対する軍司令部の計画を次に記します。

ジンギス汗のモンゴル遠征軍の故智に学び、第十五軍は一万頭の牛や馬を連れ、多くの野菜、穀物、花の種子や苗木を持って行く。牛には資材を積み、いよいよ食糧が不足してきた場合には食糧にする。種子はインパール平原に蒔いて自給自足園をつくる。
読んだだけでも、いかに能天気な計画かが分かります。まさしく机上の空論です。二万人分の食糧を日々、補給しなければなりません。

烈兵団の定数は一万五千名ですが、除隊がないので二万の兵員になっていました。

烈兵団では作戦前に七百頭の牛を獲得しますが、それまで牛に触れたことのない兵士ばかりです。牛に鞍をつけ、それに荷物を積んで歩かせる訓練もしなければなりません。それがひと仕事です。さらに牛の大群を連れて、チンドウィン河を渡河するのです。渡った先には三千メートル級のアラカン山系が待っています。道は峻険で牛も難渋します。大砲は分解して、兵が担いで急坂をよじ登らねばなりません。

もともと兵の携帯糧秣《りょうまつ》は二十日分の米と若干の塩干魚、干し肉、食塩などで、重さは五十キロに達します。急坂になると、分解した砲の部品もそれに加わり、七十キロになるのです。乾季のうちは何とかなるものの、雨季にはいれば、もはや進軍は不可能です。短期決戦が至上命令でした。

進むにつれて牛の食べる草は少なくなり、栄養不足と疲労で、牛は座り込んで動こうとしません。大きな眼に涙を溜めて、哀願するように兵を見つめるだけです。

馬は、牛と違って一度倒れると再度立ち上がることができても、数十メートル進むと倒れて二度と立ち上がれません。こうして牛馬は次々と斃れていったのです。

一九四四年三月八日に開始された作戦は、計画通りに進まず、制空権はイギリス空軍のハリケーンやスピット・ファイア戦闘機が握っているので、思うような進攻もできません。

イギリス・インド軍の高射砲の着弾も、観測機のせいで極めて精密です。そのうち、後方に敵の空挺部隊九千名が降り立ち、背後から攻撃を始めます。

こんな状況下で第三十一師団烈兵団長の佐藤幸徳中将は、多大の犠牲者を出しながらも、コヒマのイギリスとインド軍陣地を占領します。四月八日、牟田口軍司令官から「コヒマの攻略を祝す」との打電がはいります。佐藤中将の返電は、「我々が欲しいものは祝電ではなく糧秣、弾薬である」でした。

四月十七日、牟田口軍司令官は、「応援のため一個連隊をインパールの北カングラトンビに出せ」と打電してきます。

「徒歩では六、七日を要するので輸送車輌を送れ」

「コヒマで鹵獲《ろかく》した敵の両輛を使え。二、三十輛あったはず」

「兵力の転用は不可能」

佐藤師団長はきっぱり拒絶し、転用命令は消滅します。

四月二十九日の天長節の日、牟田口軍司令官がこの日までにインパールを落とすと豪語していたのに対して、佐藤師団長は打電します。

「約束通り、烈は三週間でコヒマを攻略せり。インパールは何日に落とす予定か」

司令官の返事はありませんでした。

また、佐藤中将と軍司令官の間には、戦闘開始から一日八トンの弾薬、二十五日以内に糧秣二百五十トンを補給するという確約ができていたのです。

「第十五軍は約束を果たさず、補給を行わない」

そうした佐藤中将の悲痛な打電にも、牟田口司令官は返電をしませんでした。ダンマリを決め込んだのです。

やがてイギリス・インド軍は勢いを盛り返し、シャーマン戦車も繰り出してきます。

五月三十一日、佐藤中将は撤退の意志を固めて、「チンドウィン渡河以来、一発の弾、一粒の米も受けず、今、敵襲を受く。糧食を空輸されたい」と、軍司令部に繰り返し打電します。しかし返電はありません。撤退を打電したとき、やっと牟田口司令官からの返電がありました。

「万一、撤退をすれば軍法会議に処せられる」

「小生が裁かれる時は貴官も処せられる時なり」

これが佐藤中将の最後から二番目の返電でした。

そして六月二日、佐藤中将は烈兵団にウクルルへの転進を命じます。このとき牟田口司令官からの電報が届きます。「烈師団はウクルルに転進して所要の補給をすませた後、インパール攻撃を準備せよ」という電文に、佐藤中将は腹の底からの怒りを感じます。烈兵団は九割の兵力を失い、指揮する将校とて不足していたのです。

「第十五軍参謀の戦術程度は士官候補生のそれ以下なり」と、佐藤中将は返電し、無線機を封印します。中将の前に整列した兵は、発熱のために天幕をかぶっている者、腕を吊っている者、足を引きずっている者、頭に包帯をしている者など、まさしく敗残兵さながらでした。

担架の兵のひとりひとりに佐藤中将は声をかけます。

「インパールは陥落した。今マレーに転進だ。もう少しの辛抱だ」

もちろん嘘の激励でした。
そして、中将を精神鑑定した山下軍医大尉の鑑定主文は次の通りだったのです。

鑑定主文

一、作戦中の精神状態は正常であった。時折精神障害を疑わしめるごとき感情の興奮による電文のやり取りがあったが、これは元来の性格的のもので軽躁性の一時的の反応であって、その原因は全く環境性のもので、一過性反応に過ぎない。従っていわゆる心神喪失はもちろん、心神耗弱状態にも相当しない正常範囲の環境性反応である。

二、現在の精神状態は全く正常である。

しかし佐藤中将は軍法会議にはかけられず、罷免されただけでした。軍法会議で、作戦そのものの杜撰さを糾弾されるのを、牟田口司令官が恐れたのです。同時期、弓兵団長も五月十六日付で更迭、祭兵団長も六月十日付で解任されます。牟田口司令官としては、三兵団長全員を交代させることで、佐藤中将の抗命を目立たなくしたのです。

転進撤退となったものの、これがまた死の行進に近いものになりました。烈兵団所属の軍医笹瀬見習士官によると、その苛酷さがよく理解できます。軍医ですから傷病兵を伴っての逃避行です。街道筋は敵の空軍機の標的になるので、密林や丈の高い草の中を南下します。途中も死人、死にゆく兵士たちが折り重なっています。雨季にはいって川底の死体は流され、アメーバ赤痢も蔓延します。コレラも流行する中で、同僚の軍医も死亡します。緑色の襟章を見て、動けない兵が「軍医殿、一緒に連れて行って下さい」「食べる物を下さい」と哀願します。

草むらの中に日赤の看護師が十六名、雨に濡れて眠るように死んでいたのは、赤痢か栄養失調でしょう。穴を掘って死体を埋める作業中に、本人も赤痢で倒れ、その穴に入れられる者もいました。

ようやく辿り着いたチンドウィン河は、雨季のため、川幅は百メートルに達しています。太いワイヤーロープを両岸に張って、一隻の小船に十五名ずつ乗せて往来します。岸にはあちこちに傷病兵が倒れ、傷口にはウジ虫が群がっています。立っている将兵も、骨と皮に痩せ細っていました。

まさしく退路は、白骨街道と化していたのです。

第十五軍の作戦会議

こんな第十五軍も作戦前の四月二十日頃、牟田口中将が烈、弓、祭の三兵団長を集めての会同を開いていたのです。各兵団長はそれぞれの幕僚を伴っていました。牟田口司令官が前述の作戦を示し、各兵団長に進攻作戦準備を指示しました。

会同のあと、三兵団長は雑談する中で、各々の感想を述べあいます。佐藤中将は「あんな構想でインドのアッサム州まで行けると思っているのは笑止の沙汰」と不満たらたらです。弓兵団長の柳田元三中将も、「全然可能性のない作戦だ」と一笑に付し、他の幕僚の中にも「この作戦は無理です」と具申する佐官もいたようです。

つまりこの会同は、作戦会議にもなっておらず、軍司令官の通達のみで終わっているのです。前提とされる糧秣や弾薬、資材の補給は、全くもって討議されなかったのです。現在の会社の取締役会で言えば、会長が延々と持論を述べ、過去の業績の自慢話をするのと似ています。

こんな会議で決定された作戦が、行き当たりばったりになるのは当然です。その結果、三兵団の総数十万人のうち、戦死あるいは戦傷病死が四万、ようやくチンドウィン河を渡れたのは六万とされています。その六万人のうち二万人は傷病患者であり、残る四万人も大ていはマラリアか赤痢に冒されていたと思われます。

なお前に述べた見習士官の笹瀬軍医は、敗戦後に武装解除され、捕虜収容所にはいります。来る日も来る日も使役です。ようやく広島で復員手続きをしたのは、昭和二十二年三月二十二日でした。呉を出た鈍行列車は名古屋を過ぎ、故郷の豊橋に着きます。しかし街は廃墟同然でした。家らしい建物がひとつもない中に、レンガ造りの倉庫がぽつんと焼け残っていました。誰か尋ねる人はいないかと思い、鉄の扉が開いていたので中を覗きます。奥のほうに年寄りがいて、じっと見返していました。その人が「ヒロジ、ヒロジではないかね。無事だったか。よく帰って来たなあ」と言って、息子に抱きついて来ました。笹瀬軍医がアメリカ敗残兵服を着ていたので、見分けるのに数分かかったのです。

「お前が生きていれば、いつかはここに帰って来るだろう。隣近所の人はみんな疎開したが、わしひとりはこの倉庫の中で待つことにしたのだよ」

終戦後一年半以上ひたすら待ち続けてくれた母を抱きしめ、笹瀬軍医は涙するばかりでした。

三　生成ＡＩは会議の質を変えられるか

ＡＩは不正を防げるか

昨今は生成ＡＩ（生成的人工知能）が広範囲に利用されています。オープンＡＩのチャットＧＰＴ、ＡＩオーバービュー、フランスのミストラルＡＩ、中国のチャットボット、ディープ・マインドなど、生成ＡＩの種類も花盛りです。

もちろん、ＡＩが人類に与える脅威に、懸念を抱く人々もいます。ＡＩの行き過ぎを制御する法律、ＡＩを安全に使う方法、ＡＩの著作権侵害防止を模索する人々や、ＡＩから俳優たちの肖像、声、仕草などを盗まれるのを危惧する人が、社会のあちこちで異議を唱えています。これは当然でしょう。ＡＩの推進派と制御派のせめぎ合いの中でこそ、健全なＡＩ使用が広まっていくのです。

さてこうしたＡＩの会議への導入によって、会議やミーティングの質を変えることができるでしょうか。これは将来に向けての会議のあり方にも関連してくるので、大いに検証の余地があります。

まず第一節で述べた多くの組織や企業の不正についてはどうでしょうか。この場合、大切なことは、ＡＩに前もってどのような点を学ばせておくかでしょう。単なる利益追求のためのＡＩでは、同じ不正が繰り返されるはずです。

まずＡＩが学んでおくべきなのは、正義と良心、そして倫理、人権でしょう。これがないＡＩには、信頼を置くことができません。

例えば宝塚歌劇団の場合です。劇団上層部がまずＡＩに訊きたいのは、後発の宙組が、古くからある花組や月組にどうやったら追いつけるか、その課題は何かでしょう。演目の斬新さや、演技と踊り、歌唱のうまさ、舞台の華やかさ、などの指摘は、当然ＡＩがするでしょう。しかし予算も時間も限られ、団員の質も卓越していないとき、ＡＩはどう解答するでしょうか。人権という項目をＡＩが学習していなければ、過重労働を強いるでしょう。正義と良心を知らないＡＩなら、一番弱い立場の団員をこき使え、という解答を出すかもしれません。そうなれば、上級生は大手を振って弱い者の虐待に走るでしょう。ＡＩの答えがご託宣になるからです。

それではビッグモーターではどうでしょうか。会社側がＡＩに訊きたいのは、どうやって利益を出すかでしょう。ここでも、ＡＩが法律をわきまえ、法律違反をした場合の信頼の失墜、それによる企業の損失をあらかじめ「頭」に入れておかなければ、不正を煽動するかもしれません。

そうなると問題は、そもそも会長、社長がそうした賢明なＡＩを、企業に導入するかどうかにかかってきます。そんなＡＩなど目の上のたんこぶですから、無用の長物にするはずです。現場の会議での使用も、厳禁するでしょう。

ダイハツの不正でも、似たような結果になる気がします。ＡＩにお伺いをたてたいのは、どうやったら迅速に、検査を手際よく期限内に終えることができるかでしょう。ＡＩの解答は、人手を増やし、残業をすればよい、になるはずです。しかしダイハツとしては、人手不足であり、費用をかけて残業をさせるわけにもいきません。ＡＩの答えは阿呆みたいなものです。

それよりも前もってＡＩに、不正が発覚する確率、バレた場合の企業の損失、顧客の信頼の裏切り、などを学ばせていれば、不正にブレーキがかかるかもしれません。

ダイハツは、今となっては反省の上に立ち、そうしたＡＩを導入して、判断させているのかもしれません。もしそうであれば、次なる不正は防止できるでしょうが。

ＡＩ参加の作戦会議

一方、旧日本陸軍の作戦会議に、ＡＩが使われていた場合を仮想しましょう。あの杜撰極まる作戦がましになるのは確実です。

まず乃木大将率いる第三軍の旅順攻撃です。さまざまな攻撃ルートをＡＩは提出するでしょう。進軍に要する日数、途中にある要塞を陥落させるための兵力と弾薬量、大砲の種類も算出してくれます。

しかし永久要塞を攻略するための方法に関しては、ＡＩにはそもそも情報が不足していたはずです。要塞の形態や、防護しているコンクリート壁と天蓋の厚さ、ロシア守備隊の兵力、攻撃力などについては、さまざまな仮定の数字を入れるのも可能でしょう。その数字に応じた、自軍の損害も推定ができます。

その解答は、数十から数百単位で示されるはずです。その中からどれを選択するかは、やはり乃木大将にかかってきます。自軍から数万の死傷者が出ても構わないなら、選択肢もいくつかに減ります。そうでなければ、ゆっくり進攻する過程で、敵の攻撃力にも予想がつき、計画の変更もできます。

とはいえ問題は日数です。何ヵ月か後の勝利が必須事項であれば、ＡＩへの数字の打ち込みも変わります。

こうなると、結局判断を強いられるのは軍司令官であり、師団長であり各部隊長です。ＡＩに解答を求める必要もなくなります。ＡＩの存在価値は、せいぜい優秀な参謀と同等なのかもしれません。

そしてその作戦が失敗したとき、ＡＩは責任をとりません。将軍が更迭されてもです。将兵が次々と斃れても、師団長たちは乃木大将をどこまでも信頼していたと言います。乃木大将の人格がそうさせたのでしょう。人格のないＡＩはそうもいきません。やはり血の通わない作戦になってしまうのが、ＡＩ参加の作戦会議なのです。

それでは牟田口中将のインパール作戦はどうでしょうか。地形や英印軍の実力と陣地などを入力させ、どう攻めたらいいのかＡＩに考えさせる作戦会議を開くことはできます。しかし、ＡＩの答えは、おそらく「不可能」でしょう。そもそもこの作戦は、どうあがいても勝ち目はない、と陰で言い合った兵団長と同じ答えです。兵団長たちは「ＡＩもそう言っています」と、後ろ楯を得たように言うかもしれません。

しかしあの牟田口司令官なら、「このＡＩに欠けているのは精神力だ。精神力があれば幾多の困難も乗り越えられる」と豪語するはずです。

そもそも日本軍には、無線が敵に解読されているという認識が欠けていました。英印軍はこれによって、日本軍を奥へ奥へ、つまりインパールのほうに引き込み、補給路を断つという戦術に出たのです。敵がどんどん退却するので、日本軍は図に乗って進攻し、ついに土壇場で徹底した反撃を食らったのです。しかも後方には敵の空挺部隊が降り立ち、制空権も握られていたので、勝ち目はありませんでした。

無線の解読という情報をＡＩが「頭」の中に入れておれば、この作戦は「絶対無理、中止すべき」と解答したでしょう。それでも牟田口司令官が決行を命じていたら、Ａ

Iは「牟田口を解任すべし」と応じていたでしょう。

自助グループとAI

では第一章で触れた、ギャンブル症者のミーティングへのAIの導入はどうでしょうか。案外面白そうな気がします。というのも、AIに何万、何十万というギャンブル症者の体験を学習させることができるからです。映像と音声もそれに伴って打ち込めます。例えば二十五歳の独身女性が、自らの悲惨なギャンブルゆえの人生をAIに語るのです。

自助グループで使う12のステップの質問に応じて、AIが反応して、徹頭徹尾自らのことをしゃべり、涙声になり、画面のヴァーチャルな女性もハンカチを目に当てたりします。参加している他のメンバーも、あたかも実在の人物のように感じて、その話に聞き入るでしょう。あるいは、そのAIの語りが楽しみで参加するメンバーが増えるかもしれません。最後には、もちろんあの平安の祈りもAIが唱和するのです。

ミーティングに参加して、メンバーの話を聞きながら、このAIが成長すればAIの質も次第に向上していくでしょう。さらに、よそのグループの周年行事や、全国大会に参加し続ければ、一度会ったメンバーの顔とアノニマス・ネームも簡単に記憶してくれるはずです。その結果、「アレ、オキナワノシマチャンデスネ、マタアエテウレシイ」と言うようになります。すると、みんなから「ＡＩちゃん、今回も来てくれたかい。元気そうだね」と言われて、ミーティングのマスコットのような存在になることと請け合いです。

とはいえ、ＡＩはどこまでもマスコットで飾り物に過ぎません。大切なのは、その場に集まっている生身のメンバーの存在なのです。

オープン・ダイアローグとＡＩ

オープン・ダイアローグの出発点になった、バフチンのポリフォニーとＡＩの相性はどうでしょうか。ＡＩがお得意の、問題を解く能力の爪を隠せば、出番があるでしょう。いくつもの意見を、次々と呈示できるからです。

とはいえ、オープン・ダイアローグの実際の場では、余計なおせっかいものになるはずです。現場に駆けつけて話を聞くのは、ＡＩでは務まらないでしょう。当事者も馬鹿にするでしょうし、家族も異物として敬遠するのではないでしょうか。

ソーシャル・ワーカーや臨床心理士が話し合う際にも、ＡＩを必要とするとは考えられません。こうした援助者も、自分たちの手探りの感覚、現場での臨場感を大切にするはずです。オープン・ダイアローグは、何よりもまず生身の人間の接触から生まれる価値を重要視しています。たとえ、それが行ったり来たりの錯誤、遠回りの道筋であっても、その手間暇を大事な時間と見なすからです。

ネガティブ・ケイパビリティとＡＩ

同様に、ジョン・キーツに成り代わって、ＡＩがネガティブ・ケイパビリティの概念を生み出すことも不可能です。キーツは二十六年にも満たない人生で、苦悩しつつ、詩人や偉大な人物に不可欠とされるその能力を発見したのです。それは膨大な知識をＡＩが詰め込んだとしても、手の届きようのない概念です。

さらに一世紀半後に、キーツの手紙を読んだウィルフレッド・ビオンが、そこに書かれたネガティブ・ケイパビリティを抽出した行為も、ＡＩが代行できたとは考えられません。たとえＡＩがすべてのキーツの作品を「頭」に入れたとしても、全く不可能だったでしょう。臨床と教育の実践をしていたビオンが、精神分析はこのままではいけないと常日頃感じていたからこそ、キーツの何気ない記述に目が留まったのです。ましてやビオンは、ネガティブ・ケイパビリティを大事にするためには、記憶も理解も欲望も必要ないと言明したのです。これはそのままＡＩの否定になります。

要するにＡＩが目指しているのは、画一化、整然とした論理化です。いわば起伏のある荒地を平坦にしてくれる、ブルドーザーの力は持っています。しかし平地を掘り返すのは苦手でしょう。

奇しくも二〇二四年の九月、ＡＩが企業をカルテルに導き、独占禁止法違反事件に巻き込む懸念が指摘されました。どの企業も優れたＡＩを使って、需要予測をし、商品価格を調査したあと、価格設定をしています。すると、各企業で同じ解答が導き出され、実際にカルテルを結んだのと同じ状況が創り出されるからです。企業側としては、違反の嫌疑をかけられたとき、まさかＡＩのせいですとは言えず、結局はカルテルを認めざるを得ないのです。

四　人を成長させるミーティング

ある私塾で

二〇二四年の六月、私はこういう会議なら必ず役に立つという体験をしました。事の発端は、久野塾を立ち上げた久野正人《まさと》氏からの講演依頼でした。この塾は二〇一二年二月に私塾として発足、二〇一五年七月に一般社団法人になっています。発足から十二年が経つ間に、多彩な人材がそこから生まれているといい、ネガティブ・ケイパビリティについての話を慫慂《しょうよう》されたのです。講演のあとに対話形式のミーティング（経験学習）も組まれていて、大いに興味を持ちました。

久野塾の理念がまた心を打つものでした。「日常の仕事の処理だけでなく、内省によって前提を疑い、気づきの概念化を行い、自らの行動を変え、日常の仕事で新たな実践を行うことで新たな智恵を獲得し、自己と組織の成長を加速させる」というのです。この中の「前提を疑う」が特に気に入りました。

当日は、百名近い会員と非会員の前で私が話をして、そのあと二部制のミーティングに移りました。前半は「あなたがネガティブ・ケイパビリティを発揮した経験を共有しよう」が主題で、後半の議題は「今後ネガティブ・ケイパビリティを発揮したい場面を共有しよう」です。

参加者は実に多士済々です。新聞社社員、監査法人所属の公認会計士、マーケティング人材育成会社役員、NPO法人会長、建設会社部長、薬剤師で製薬会社の人事管理部長、ビール会社の品質管理主任、ゲーム機器会社課長、それに名の知られた会社の社長や、聞いたことのある会社の社長、大手出版社の編集者、大学院生、入社数年目の若い会社員など、ひとりとして同じ組織に属していません。

講演と質疑応答のあとの休憩をはさんで、いよいよ第一部の対話が始まりました。会場はもともとカフェらしく、あちこちに置かれた二十卓のテーブルに、七、八人ずつ分かれて自分の体験を開陳するのです。各テーブルには塾のOBが配置されているらしく、若い人も中年の人も男性も女性も参加者は五、六人ずつ集まり、対話が始まります。ネガティブ・ケイパビリティを発揮した実体験が順に語られます。家庭内の身近な経験もあれば、組織内や友人間での経験もあるようです。ひとりが話しているのと、他の人が頷き、最後には手を叩きます。紛れもなく、他人の経験が共有されるのです。

そのあと十五分の休憩があり、同様に第二部が始まります。今度は、今後ネガティブ・ケイパビリティを発揮したい場面を、ひとりひとりが語るのです。このとき大きい白紙が各テーブルに用意され、何か書けるようになっています。各自が願っている場面を書きつけ、それを口にしていきます。

私も各テーブルを回遊しながら、どんな場面があるかなと興味津々で眺めました。もう大半は忘れましたが、語られる場は会社や大学、研究所、家庭と多様で、なるほどと感心させられます。

まだ若い男性の編集者が悩んでいるのは、編集に関する事のようです。上層部からは売れる本を作れと言われるものの、そう簡単にできるものではないのです。自分が良い本だと思って世に送り出しても、売れるとは限りません。まさに答えの出ない事態です。確かに、売れる本が良い本だという判断基準ができ上がったとき、それは文化衰退の始まりでしょう。

あるお母さんは、子供の教育で悩んでいるようでした。勉強しなさいと言っても、その通りにする子供は少ないはずです。ちょうど私も回遊していたときなので、いつもお母さんたちに言っていた科白を口にしました。

「小言《こごと》は大事《おおごと》になります。親という字は、木の上に立って見ると書いてあります。これが一番いいです」

確かにこの態度こそネガティブ・ケイパビリティなのかもしれません。

自助グループとの類似性

そして最後は、二十のテーブルからそれぞれのグループの代表として、若い塾生が白い紙を広げながら、「こういう場面でネガティブ・ケイパビリティを発揮したいという意見が出ました」と報告していました。そしてまた拍手です。

締めとして久野塾長から講評を頼まれました。私がしみじみ感じたのは、何かこれは自助グループのミーティングそっくりだということでした。拍手までが似ていたので驚いたのです。

そのあと立席での懇親会になりました。ここで久野塾長から聞いたのが、年に一度の久野塾の懇親旅行は、いつも山口方面で、必ず交友館（松下村塾を再現した施設）を借りて、勉強会を開くという話でした。まさしく温故知新の実践なのです。こういうミーティングなら、そのたび毎に人が成長していくのは当然でしょう。

第四章　答えは質問の不幸である

第二章で言及したビオンは、キーツの「ネガティブ・ケイパビリティ」をさらに深化させて、一九七五年四月、ブラジリアで行われたセミナーで、モーリス・ブランショの「答えは質問の不幸である」を引用しました。

この言葉をビオンに教示したのは、フランスの精神分析医のアンドレ・グリーンでした。ビオン自身は、モーリス・ブランショの著作そのものは読んでいなかったはずです。しかしこの切れ味鋭い見事な命題「答えは質問の不幸である」は、ビオンに衝撃を与えたと思われます。

「答えの出ない事態に耐える力」であるネガティブ・ケイパビリティの概念を、より深化させたものだったからです。これを英訳し、さらに敷衍して、「答えは質問にとって不幸であり、好奇心の病いである。答えは質問を殺す」とまで言い切ったのです。さらには「知識は無知の病いである」とまで主張しました。すぐに答えを求めたがる弟子筋に対する痛棒でした。

私はここに、キーツの考え方と軌を一にする概念が、一九六〇年代以降のフランスに芽生えていたことに、感動を覚えます。フランスで醸成されていた概念が、死の四年前に発表したビオンの論評で再び芽を吹いたのです。

ビオンに「答えは質問の不幸である」の命題を伝えたアンドレ・グリーンも、当のモーリス・ブランショも、実はジョン・キーツの「ネガティブ・ケイパビリティ」に類似した概念を提示していたのです。特にブランショはキーツの言葉そのものを知るすべはなかったはずで、全く別な所で同様の思索をしていたと言えます。キーツとの時間のギャップは、ビオンと同じ百五十年あまりでした。

一　モーリス・ブランショと「サン・ブノワ通りの仲間たち」

卒論とマルグリット・デュラス

モーリス・ブランショはブルゴーニュ地方の裕福な家庭に生まれ、初めはストラスブール、ついでパリで学びます。主としてドイツ語と哲学を専攻し、ソルボンヌ大で学位を得たあと、医学部にはいり、私も一九八〇年から一九八一年まで研修したサン・タンヌ病院で、神経学と精神医学を学びます。そのかたわら極右の雑誌に寄稿し、編集長も務め、論客として頭角を現した頃に、第二次世界大戦が始まったのです。

一九四一年、故郷に帰っていたとき、ドイツ兵にすんでのところで射殺されそうになり、かろうじて九死に一生を得ます。この体験は終生、彼の脳裡から去りませんでした。戦時中から、ユダヤ人である友人一家を救ったり、レジスタンス活動の友人に手を貸したりします。小説や評論を発表するのもこの時期で、やがて文学賞の選考委員に選出されます。

戦後は、パリを離れてモナコ近くの小さな町に住み、種々の重要な雑誌に寄稿します。パリに戻ったのは一九五七年で、アルジェリア戦争に反対し、この頃から左翼の論客に転じる一方で、ヨーロッパや米国、南米の重要な作家を紹介する雑誌の刊行を発案します。

パリに戻ったあと、ブランショが出入りし始めたのが、マルグリット・デュラスが住むサン・ブノワ通り五番地のアパルトマンでした。既にここには多くの若い知識人たちが集まっていて、「サン・ブノワ通りの仲間たち」のグループをつくっていました。ブランショはこのグループに仲間入りをします。

実は私がフランス文学科の卒論で選んだのが、他ならぬこのデュラスでした。科長の井上究一郎教授の専門はマルセル・プルースト（一八七一—一九二二）だったので、読まねばならないと思って、一念発起で挑戦しました。しかし『失われた時を求めて』には難解な単語が多く、長い文章ばかりです。しかも意識の流れを追う内容が際限なく続くので、こんな作家にかまけていたら、一生を台無しにすると直感して、断念しました。

代わりに適当な作家がいないかと考え、日本橋の丸善に行ってフランス文学のコーナーを物色したのです。そこに平積みにされていたのが『夏の夜の10時半』でした。頁を繰ると、単語は易しく、文章も短いのです。表題の『夏の夜の10時半』からして、すんなりと頭にはいります。これだと思って、その作者のマルグリット・デュラスを卒論のテーマに決めました。一九六六年の秋でした。その後デュラスの作品で刊行されているものを読み、その小説作法について論じたのが卒論になりました。

その頃までに刊行されていたデュラスの作品は、年代順で並べると、『あつかましき人々』(プロン社、一九四三)、『静かな生活』(ガリマール社、一九四四)、『太平洋の防波堤』(ガリマール社、一九五〇)、『ジブラルタルの水夫』(ガリマール社、一九五二)、『タルキニアの小馬』(ガリマール社、一九五三)、『木立ちの中の日々』(ガリマール社、一九五四)、『辻公園』(ガリマール社、一九五五)、『モデラート・カンタービレ』(ミニュイ社、一九五八)、

『セーヌ・エ・オワーズの陸橋』（ガリマール社、一九六〇）、『ヒロシマ・モナムール』（ガリマール社、一九六〇）、『夏の夜の10時半』（ガリマール社、一九六〇）、『かくも長き不在』（ガリマール社、一九六一）、『アンデスマ氏の午後』（ガリマール社、一九六二）、『ロル・V・シュタインの歓喜』（ガリマール社、一九六四）、『ラホールの副領事』（ガリマール社、一九六六）、など十五を超える作品がありました。

卒論のためにすべてを読破する実力も時間もないので、入手できた五、六冊を資料にして論文を書いたのです。デュラスの文体は独特で、バルザックやプルーストのように饒舌ではなく、余白に語らせる手法をとっています。これが絶妙で、背景が読者の頭の中に鮮明に浮かび上がってくるのです。詳細は行間にある、と言ってもいいのかもしれません。

そして主題は、人生に倦んだ男女の愛、それもどこかかみ合わない愛です。小道具として使われるのが夏の陽光、犯罪、さらに音楽と子供です。かみ合わないといえば、登場人物たちの会話自体も、奇妙なズレがあって、それが小説全体に不安定さをかもし出しています。

そうか、こういう書き方もあるのだと、妙に感心したのを覚えています。私自身、その後小説を書くようになり、デュラスとは正反対の書き方をしているのが不思議です。

『ヒロシマ・モナムール』

卒論を書きながら驚いたのが、あの有名な映画『二十四時間の情事』の原作が、他ならない『ヒロシマ・モナムール』だったことです。岡田英次演じる建築家と、フランス人女優に扮するエマニュエル・リヴァが広島で出会い、わずか一日の激しい愛を交わす映画です。監督はアラン・レネで、一九五八年の夏に広島で撮影されました。

デュラスの脚本には、主人公二人の名前はなく、「彼」「彼女」と書かれています。薄闇の中で抱き合うとき、女は「ヒロシマでわたしはすべてを見た」と呟きます。女優である女は、反戦映画の撮影のためにヒロシマに来ていて、広島平和記念資料館や原爆ドーム、原爆死没者慰霊碑などすべてを見ていたのです。しかし男は「君はヒロシマで何も見なかった、何も」と否定します。

翌朝には日本を発つと告げた女は、再会の夜、太田川沿いの喫茶店で自分の過去を語ります。戦時中、故郷のヌヴェールで女はドイツ兵を愛してしまい、戦後は裏切り者として頭を丸刈りにされていたのです。

ここでヒロシマとヌヴェールが重なり合い、原爆とナチによる領土の蹂躙が、男女の不毛な愛の上に、二重写しになります。

この台本のすべてをデュラスはパリで書いています。ヒロシマは写真や映像で見ただけでした。こんなシナリオを書けるデュラスは、もしかしたら強烈な戦争体験があったのかもしれないと、そのとき私は直感しました。

『かくも長き不在』

『かくも長き不在』の脚本も、デュラスとジェラール・ジャルロの共同執筆で、戦争の傷跡を深く刻印した作品です。夫が出征したまま帰って来ないテレーズは、ひとりヌイイの街角でカフェを営んでいます。セーヌの川岸に住んでいる浮浪者が、朝と昼、必ず歌いながらカフェの前を通り過ぎます。それはロッシーニの「セビリアの理髪師」の一節です。

あるとき常連客が浮浪者をカフェに招き入れ、身分証明書を見せてもらったりして、身許を知ろうとします。証明書にはロベール・ランデと記されていますが、浮浪者はすべての記憶を失い、覚えているのはそのオペラの一節のみだったのです。

カフェに招いて接待するうち、テレーズはその浮浪者が夫ではないかと疑い始めます。わたしに見覚えがないかと訊いても、反応はありません。浮浪者の頭部には大きな傷痕がありました。テレーズはなおも尋ねます。

「あなたは結婚していませんでしたか。あなたが愛する妻と。テレーズ・ラングロワという女性と？　思い出しませんか」

浮浪者は首を振ります。テレーズはその彼を誘ってダンスをします。すると彼は若者のように軽々と踊るのです。

「ほら、ダンスが上手ですよ」

「そんなことはありません。あなたは優しい人です」

「いえ、あなたはわたしが何年も前に知り合った人に似ているのです」

「その人とは再会しなかったのですか」

「していません」

「それは悲しいことです」

そう言って浮浪者は帽子をかぶって、夕闇が迫る外に出ます。その後ろ姿にテレーズは叫びます。

「アルベール、アルベール、アルベール・ラングロワ」

すると界隈の人々も外に出て来て、「アルベール・ラングロワ、あなたは呼ばれていますよ」と大声で言います。テレーズはもう一度大声で呼びかけます。

「アルベール・ラングロワ」

すると闇の中で浮浪者は、いつも脇にかかえていた紙袋を落とし、ゆっくりと両手を上げるのです。何事かと思った周囲のアパルトマンの住民が、明かりをつけます。明かりはかすかに、男の恐怖に引きつった顔を照らします。

突然、浮浪者は川岸に向かって走り出します。するとそこへ乗り合いバスが向かって来る音がして、急ブレーキの音が軋みます。急停車したバスの脇には、息絶えた浮浪者が横たわっていました。


『モデラート・カンタービレ』


もう一本、デュラスの原作『モデラート・カンタービレ』も、フランスの名女優ジャンヌ・モローが演じて日本でも有名になりました。邦題は『雨のしのび逢い』です。

主人公のアンヌ・デパレードは、息子にピアノを習わせていて、女教師の家に付き添っていたとき、近くのカフェで殺人事件が起こります。男が女を刺殺したのです。アンヌはそのカフェに立ち寄るようになり、ショーバンという常連客から、事件に至るまでのいきさつを聞かされます。アンヌはそこに毎日通い出します。子供は近くの先生の家でピアノのレッスンを受けています。ショーバンとアンヌはワインを飲みながら、例の事件の裏話を語り合うのです。

逢い引きじみた出会いを重ねるうちに、アンヌはショーバンに唇を重ねようとします。しかし最後に「怖い」と叫んで、カフェを後にするのです。熱情のために男にわが身を殺させた女には、所詮アンヌはなれませんでした。アンヌは、地方名士夫人という身分の殻を破れなかったのです。

処女作『あつかましき人々』

デュラスの処女作は『あつかましき人々』ですが、彼女がその初稿を投稿したのはガリマール社でした。しかし何度返事を催促しても梨のつぶてでした。代わりに返事をくれたのは、ガリマール社から依頼された作家でもあるレーモン・クノーでした。クノーはまだ出版するのは早い、「ともかく書きなさい。作家というのは書くのが仕事です」と忠告します。二年後の一九四三年にようやく、作品はプロン社から刊行されます。

この作品を「全く欠点のない文体」だと絶讃したのが、他ならぬモーリス・ブランショでした。「論争」という批評誌で、全篇に漂う不機嫌さが、悲壮さや優雅さと無縁な主題を完璧に支えている、と評したのです。

この時期のフランス文学は、豊穣の時を迎えていました。前年の一九四二年には、アルベール・カミュの『異邦人』と『シジフォスの神話』、前述のレーモン・クノーの『わが友ピエロ』が出、一九四三年にはジャン゠ポール・サルトルの『存在と無』、シモーヌ・ド・ボーヴォワールの『招かれた女』、ルイ・アラゴンの『アヴィニョンの恋人たち』、一九四四年にはジャン・ジュネの『ノートル・ダム・デ・フルール』が出版されました。

この批評以来、デュラスはブランショの言葉に耳を傾けるようになります。「我々は着想がひらめいたときに書けるということを知っている。しかし着想を得るためには、まず書かねばならない。絶えず書かねばならない。無限を出発点にして書かねばならない」。

この忠告を守ったデュラスは、後日こう告白します。「わたしは本を書くとき、冒険の旅に出ます。でもそのあとに、すべてがひとかたまりになり、全体像ができ上がるのです。主題というものは、当初はちっぽけなものです」。

ブランショとデュラス

一九五〇年代の半ば、デュラスは「現代」に作品を発表しようとして、サルトルに接近を試みます。しかし草稿を読んだサルトルは、「あなたの作品は下手で、とても出版できない。『現代』に掲載されるためには、もっと上手に書かなくては」と冷たくあしらいます。デュラスは勘を働かせて、この批評をしたのはシモーヌ・ド・ボーヴォワールだと確信します。以来、デュラスはボーヴォワールを毛嫌いします。デュラスは総じて女流作家嫌いでした。マルグリット・ユルスナールも、名前が同じだという理由で嫌っていました。唯一の例外はナタリー・サロートで、その文体を真似たりもしたのです。

デュラスの第七作『辻公園』がガリマール社から刊行されたのは、一九五五年で『モデラート・カンタービレ』の三年前でした。『辻公園』は、トランクひとつが全財産の、中年過ぎの行商人が主人公です。この寅さんのような男と、二十歳の小間使いが初夏の昼下がりの辻公園で出会い、ベンチで夕暮れまで会話を交わします。事件は何ひとつ起こらず、自らの将来を待つ小間使いと、人生を自ら捨てた男が、ひたすら一期一会の対話を続けます。

この作品をまたもや絶讃したのがモーリス・ブランショでした。「マルグリット・デュラスは、比類のない繊細な注意深さで、人間が対話できる瞬間を探ろうとし、おそらくそれに成功している。偶然の出会いの機会は、辻公園という単純な場に設定され、これが二人の人間が相対するという隠れた緊張感と、見事な対比を成している。二人はそれぞれ、自分を語る。しかし二人は果たして理解し合っているだろうか。二人とも共通の土俵の外にいる。つまり安易な理解の世界の外にいる。この共通の世界というのは、極めて稀にしか私たちには提供されない。これこそが、真の対話の苦しみというものだからだ」。

モーリス・ブランショが驚嘆したのは、人と人の真の対話の苦しみを、作品の中で見事に描き切った点にあったのです。

実はこのとき、モーリス・ブランショ自身も、真の対話とは何か、どうやってそれが可能になるのかを、模索していたのです。

その後、パリに出て来たモーリス・ブランショは、デュラスのアパルトマンである「サン・ブノワ通り五番地の仲間たち」の一員になります。

二　サン・ブノワ通りのマルグリット・デュラス

インドシナからパリへ

「このサン・ブノワ通りの仲間たち」が形成されるまでには、第二次世界大戦前から大戦中、そして戦後に至る壮絶なドラマが展開されます。マルグリット・デュラスもその歴史の大波に翻弄されます。それを辿らないと、デュラスが生涯抱き続けた苦悩を理解できないでしょう。

デュラスが育ったのはフランス領のインドシナでした。その地で校長をしていた父親は、アメーバ赤痢に罹患してフランス本土に送還され、そのまま一九二一年、四十九歳で死去します。残された家族は、その死をインドシナで知らされるのです。

同じく教師だった母親は、その後現地でフランス人子女のために私立の女学校を設立し、校長として教育に専念します。幸い学校の評判も上々で、一九四五年、ホー・チ・ミンが独立を宣言したあとも母親はサイゴンに残り、学校を守ります。母親の人格と教育熱心さは、サイゴンの住民にも慕われます。戦後すぐ、フランス軍移動のためにサイゴンに到着したのが、母親の甥、つまりデュラスとはいとこになるジャン・ドナデュー中尉でした。ホー・チ・ミンの臨時政府で若き大臣になった何人もが、彼に「あなたの伯母さんは本当にみんなから愛されている。私もフランス語を彼女から習った」と感謝したと言います。

しかし母親の頭痛の種は長男のピエールでした。阿片窟に入りびたりで借金を重ねていたからです。このピエールは後にギャンブル症者になり、悲惨な人生を送ります。デュラスのバカロレアの試験準備も兼ねて、母親と二人でパリに移ったのが一九三一年です。ピエールはその前にパリに来ていて、母親の仕送りで暮らす職なしでした。デュラスとは気が合わず、デュラスが好きなのは次兄のポールでした。

バカロレアの前期の試験に合格し、一九三二年の秋に長兄のみをパリに残して、母親と次兄の三人でサイゴンに戻ります。翌年後期試験にも通り、十月にサイゴンからマルセイユに着き、無事にパリ大学法学部に入学します。

将来の夫となるロベール・アンテルムと知り合うのが一九三六年の冬で、ロベールもやはりパリ大学の学生でした。デュラスが法学部以外にも顔を出したのがエコール・デ・シアンス・ポリティックで、ここで知己を得たのが、後にフランス大統領になるフランソワ・ミッテランです。ロベールはその後徴兵されますが、四日間の休暇を利用して結婚したのが一九三九年で、デュラスも大学を卒業していました。デュラスは二十五歳、ロベールは二十二歳でした。

戦争の足音

大学を出たデュラスが職を得たのは、植民地省で、公務員になります。しかしそのときはもう第二次世界大戦の開戦が迫っていました。

一九四〇年六月六日、ドイツ軍はソンム川を越え、十日にはセーヌ川も越えてパリに向かいます。パリを守っていたフランス軍のヴェガン将軍が、パリ開城を宣言したのは、その前日の九日でした。パリで戦うよりも、後方に撤退する戦術をとったのです。これによって各省庁も軍隊も市民もパリを出ます。七百万人が南に移動を開始したのです。

マンデル内務大臣と職員たちがパリをあとにしたのは、十日の真夜中から十一日にかけてで、デュラスもその中にいました。目指したのはトゥールで、そこで各省の大臣たちが合議をします。六月十三日、マンデルはトゥールでイギリスのチャーチル首相と会談します。閣僚たちの会議は何度ももたれ、あくまで戦争継続を主張するド・ゴール将軍も参加します。デュラスも職員としてこれらの成り行きを見守っていました。

六月十四日、マンデルはトゥールを離れてボルドー行きを決めます。ここで職員たちは大臣に随行する者と、残る者に分かれました。デュラスは親しい同僚とブリーヴに向かい、そこで県庁の書記の職に就き、夏の終わりまで留まります。文書の作成や刊行物の編集で多忙な毎日でした。

フランスの臨時政府が休戦協定を調印したのは六月二十二日で、この日以来、至る所に翻っていた三色旗が消え、代わりに黒と白のハーケンクロイツ旗が取って代わります。エッフェル塔はもちろん、ドイツ軍によって接収された、何百ものホテルや邸宅を飾るのはナチス・ドイツの旗になったのです。

九月になってデュラスはパリに戻り、間もなく夫のロベールも除隊して帰って来ます。ロベールが新たな職を見つけたのはパリ警視庁で、父親の口ききでした。しかしそこにいたのは八ヵ月で、一九四一年五月には工業産業省にはいります。

第一次世界大戦の英雄ペタン将軍のヴィシー政府のもとで、やがてナチス・ドイツによるユダヤ人の迫害が始まります。デュラスの知人の中にも、ユダヤ人と分かる名前をフランス風に変える人がいました。

不穏な空気がパリ中に漂い出した一九四一年七月、日本軍がインドシナを占領します。デュラスは母親と次兄の身の上を心配しますが、なすすべはありません。

ロベールとディオニス

その秋、デュラスはロベールの子を身籠ります。翌年出産したものの死産も同様だったので、我が子の顔を見ることも、看護婦から拒否されたのです。これがデュラスには終生深い傷を残します。

デュラスとロベールがサン・ブノワ通り五番地に居を構えたのは、一九四二年十月でした。エレベーターなしの四階にあり、小さいとはいえ五部屋はありました。ここが友人たちのたまり場になります。ロベールの大親友のディオニス・マスコロも常連のひとりでした。ディオニスはデュラスより二歳年下の二十六歳でガリマール社に勤めていました。

そこにサイゴンから、次兄ポールの訃報が届きます。ポールはサイゴンの銀行に勤めていて、一九四一年に十七歳の娘と婚約したばかりでした。感染症が死因でした。ひとりサイゴンに残っている母親の身の上を、デュラスは案じます。

この時期、デュラスが心惹かれていたのは夫の親友であるディオニスでした。同居しているロベールもそれを容認し、奇妙な三角関係ができ上がります。デュラスを知的に魅了したのは知識人として完璧なロベールであり、肉体の上で結ばれたのが美男子のディオニスでした。ロベールはデュラスの才能を早くから認め、大作家になると信じていました。

この時期、兄のピエールが兵役についていたかは不明です。しかし無職のままで、依然として母からの仕送りに頼り、デュラスのアパルトマンに来ては金目の物を盗んでいくのです。貯金をごっそり盗られたこともありました。いかがわしい所に出入りして、ポーカーやバカラに耽っていました。兄妹の仲はいよいよ冷えきります。

三　占領下でのレジスタンス活動

ロベール拘束

ナチス・ドイツが支配するパリのあちこちで、レジスタンス運動が始まるのは自然の成り行きでした。まず夫のロベールがフランソワ・ミッテランと手を組み、抵抗組織に加わります。一方その頃のデュラスが働いていたのは出版物の用紙管理局で、どういう刊行物にどのくらい紙を使うのか、上層部から厳しい鑑査を受ける必要がありました。最後の決定をするのはペタン元帥で、そのあと情報局に送られるのです。この頃、夫のロベールはこの情報局に転職したばかりでした。国全体で用紙が払底する中で、各出版社は出版物の数を大幅に減らすのを余儀なくされていました。

そうした状況下でデュラスは、できるだけレジスタンスに関連する出版物を助けようとします。「あの小柄な女性職員の許にいけば何とかしてくれる」という噂が、レジスタンスの各組織の仲間うちで広まっていたくらいです。

レジスタンスの先鋒に立っていたのはミッテランでした。しかし一九四三年になると、ゲシュタポによる摘発が厳しくなり、ミッテランは次々に居所を変えます。とはいえデュラスたちの身を危うくするので、サン・ブノワ通りには近づかないようにしていました。

サン・ブノワ通りのアパルトマンには、レジスタンスのメンバーのリストも隠されていました。一九四四年の六月一日、ゲシュタポはレジスタンスのメンバーの会合場所を次々と襲います。ミッテランは辛うじて逃げ、ロベールとその仲間は警官に囲まれます。幸いディオニスはそれを目撃していて、すぐにサン・ブノワ通りのアパルトマンに急ぎ、メンバーのリストを暖炉の中に隠しました。

ロベールも尋問の前に、計画表を呑み込んだのです。ロベールがまず送られたのは、フレーヌ刑務所で、八月中旬にコンピエーニュに移動させられ、そこから最後の列車でブーヘンヴァルトに移送されるという噂が立っていました。

六月一日の夕方、ミッテランはサン・ブノワ通りのアパルトマンに電話を入れ、「今火事が起こり、燃え広がっている。十分以内にそこを出なさい」と知らせます。火事とはゲシュタポの手入れの隠語でした。

後に判明したのは、どうやら組織の中に裏切り者がいたという事実でした。

デュラスは夫のロベールがどこに拘束されているかを知るために、ソッセ通りにあるゲシュタポの情報部に赴きます。既に百人ほどの女性が集まっていました。その中に妊娠してお腹の大きい喪服姿の若い女性がいたので、訊くと二週間後が出産予定日であり、二十時間も待たされているとの返事でした。ゲシュタポからの通知には、夫が銃殺されたので、所持品を受け取りに来いと書いてあったのです。

デュラスもゲシュタポの情報部の前で日々待たされます。いつも明日来いという返事なので、駅をいくつか回り、輸送列車がいないか調べたのですが、無駄でした。

ひょっとしたら夫はまだフレーヌ刑務所にいるのではないかと考え、デュラスは小包を持ってそこに向かいます。六月六日の夜明け前でした。他にも十人ほどの男女がいて、刑務所の待合室で待たされました。

何時間か待ったあと、ドイツ兵が刑務所の門を閉めました。上空には飛行中隊がパリの上空を飛ぶ音がし、空襲警報が鳴り響きます。すると待合室で隣にいた男が、若いデュラスにこう言ったのです。

「今朝六時に連合国軍が上陸しましたよ」

聞いたデュラスは腹を立て、「嘘でしょう。変な噂を広めないで下さい」と言い返して信用しませんでした。

その日ドイツ兵は待合室を閉めて、人を追い出し、小包の受け取りもしなかったのです。

危険な関係

デュラスは仕方なく、サン・ブノワ通りのアパルトマンに帰ります。ディオニスもそこにやって来て、これからどうすべきか考え、ロベールの友人がフランスの情報局にいるのを思い出し、助言を得ます。ソッセ通りにあるドイツ警察署に行ったらどうかと言われ、そこに三日、四日と通います。そこで出会ったのがゲシュタポの下で働いているフランス人のシャルル・デルヴァルでした。しかも、ロベールを逮捕したのがこのデルヴァル本人だったのです。

デュラスは夫の行方を知るために、このデルヴァルに接近します。夫の居所が分かれば、慰問の小包を渡してもらえるからです。この危険な関係をミッテランに相談すると、容認してくれました。ロベールの行方を知るためには仕方がないと思ったのです。

毎日のように会っていたデルヴァルの口から、今はフレーヌ刑務所に居て、間もなく移送されるが、それは八月の十七日か十八日だろうと聞かされます。そこでデュラスは他の囚人の妻たちと一緒にフレーヌの駅に駆けつけます。ロベールは兵士たちに拘束されて、他の数百人の囚人たちと移動する途中でした。「どこに行くの、ロベール」と訊くと、ロベールはコンピエーニュと叫んだようでした。

その夜、デュラスはデルヴァルに助命の方法はないかと訊きます。するとデルヴァルは、罪人監理局の女秘書の名を教えてくれました。翌日デュラスはトパーズと金の指輪をデルヴァルに渡し、その女秘書と会えるように頼みます。結局は女秘書とは会えず、指輪は戻ってきませんでした。ロベールが慰問小包を受け取ることもなかったのです。

そのうちデルヴァルがデュラスに魅かれるようになり、深い仲になります。デュラスはこの関係を絶とうとするのですが、デルヴァルと切れると、ロベールとの絆も切れる気がします。そんなデュラスに対して、デルヴァルは敵だから始末するべきだと迫ったのはディオニスでした。この時期ゲシュタポが必死になって捜していたのはミッテランでした。既にその側近は逮捕されて、拷問も受けていました。殴られて糞尿のたまった容器の中に顔を突っ込まれていたのです。

ゲシュタポと通じているデルヴァルと親密な関係になったデュラスの深いトラウマこそが、『ヒロシマ・モナムール』の女主人公に投影されていたのです。女主人公は故郷のヌヴェールでドイツ兵と恋仲になり、戦後は裏切り者として丸坊主にされていました。

デュラスはデルヴァルと会う場所を必ずディオニスに伝えて、いつでも殺害できるようにしていました。しかし殺害はディオニスの本心ではなく、ミッテランも「俺たちは殺人者ではない」と忠告していました。

デュラスはデルヴァルと二ヵ月間、会い続けます。最後の逢い引きの場所は、サン・ジョルジュ通りとノートル・ダム・ド・ロレットが交叉する所にある、闇市の中のレストランでした。一九四四年八月十六日で、この界隈はゲシュタポやその協力者たちのたまり場でした。騒々しさの極みの中で、デュラスは突然、恥ずかしさを覚えます。ゲシュタポの手先と相対している自分、デルヴァルをだましている自分がみじめになったのです。

もちろんこの場所と時間は、ディオニスに知らせていました。遠くからディオニスがこっちを見つめているのも分かっていました。何も知らないデルヴァルは、レストランの楽団のヴァイオリン弾きに、デュラスが好きな曲を演奏するように頼みます。デルヴァルを射殺する絶好の機会でしたが、何も起こらないまま終わります。デュラスは笑い声をあげながらも安堵します。この時期、デュラスが頼りにしていたのはディオニスだったので、ディオニスが殺人者にならなかったのが嬉しかったのです。

パリ解放

この九日後の八月二十五日、聖王ルイの祝日がパリ解放の日でした。レジスタンスの連中は表立って活動するようになります。ディオニスは「自由」という新聞を発行し、デュラスも寄稿します。そのかたわら、解放された政治犯たちを迎える準備をします。デュラスの役目は炊事班でした。ドイツ軍のトラックから押収したパンやタバコも配布します。

同時にドイツ軍の兵士たちを捕まえ、囚人にして、尋問が開始されます。ディオニスもデュラスに頼まれて、デルヴァルの住居のあるノード通りに逮捕のために行ったのですが、もぬけの殻でした。近所の人が告発したので、ドランシーの刑務所に入れられていたのです。しかしフランスの警察としては確固たる証拠がなく、釈放される寸前でした。連絡を受けて、代わりに逮捕しに行ったのがディオニスです。デルヴァルをボーブール通りのホテルに連行し、尋問します。尋問したのは主にディオニスとミッテランでした。

二人が知りたかったのは、誰がレジスタンス組織のメンバーをデルヴァルに密告したかでした。そうでなければ、レジスタンスの拠点があったデュパン通りの一斉検挙はなかったはずなのです。この尋問が開始されたのが一九四四年の九月一日です。しかしデルヴァルが知らないと言うので、ディオニスはデルヴァルの住居に行き、何か証拠の品はないかと探します。ディオニスはデルヴァルの妻ポーレットをボーブール通りのホテルに連れて行き、夫と面会させます。そのあと、ポーレットを尋問するのはディオニスの役目でした。

長期にわたる尋問で判明したのは、デルヴァルがゲシュタポの協力者ではあるものの、その一味ではないということでした。しかしレジスタンスの仲間七人の逮捕に関わったのは確実でした。

この間、ディオニスはデルヴァルの妻ポーレットに会い続け、深い仲になります。

デルヴァルの有罪が確定した二週間後の一九四四年十二月二十八日、デュラスの第二作『静かな生活』がガリマール社から刊行されます。

そして年が改まってすぐ、デルヴァルは銃殺刑に処せられます。処刑される前に、デルヴァルは妻のポーレットに「愛している」の言葉を遺しました。ポーレットとディオニスの間に男児が生まれたのは、その半年後でした。デュラスはもちろんこの事実を、生涯知らないままでした。

ロベールの消息

第二作が刊行されたものの、デュラスの心配は夫ロベールの消息です。デュラスは自殺も考えます。痩せるばかりのデュラスの世話をするのはディオニスでした。

一九四五年の五月一日、アメリカ軍司令官の命令を受け、ミッテランは飛行機でダッハウ収容所に赴きます。ミッテランはロンドンのド・ゴール将軍からも、直ちに囚人を解放する委員会を組織するように依頼されていたのです。死体が横たわっている中を進んでいるとき、ミッテランは自分の名のフランソワを誰かが呼んでいるのに気がつきます。それが、かろうじて息をしているロベールでした。痩せこけて変わり果てた姿でしたが、一緒に連れて行ってくれとミッテランに頼むのです。ミッテランはドイツからデュラスに電話をかけます。

「ロベールは生きている。ダッハウにいる。しかし衰弱している。あと二、三日は生きられるかもしれない。ともかくディオニスにすぐここに来るように言ってくれ」

この言葉でディオニスは、レジスタンス仲間のボーシャンと共にダッハウに急行します。収容所は防毒マスクをした衛兵たちで守られていました。至る所に、死者と生きた人間が混じっていたのですが、立った人間たちの中にはロベールはいません。そのときディオニスとボーシャンの名を呼んだのがロベールでした。体重は三十五キロになっていました。二人で支えて、ロベールを車に乗せます。ボーシャンが運転をし、ディオニスが後部座席でロベールの身体を抱いていました。ロベールは弱々しい声で、「国境までは停まってくれるな」と口にします。ずっとしゃべりっ放しで、ディオニスはロベールがこのまま息絶えるのではないかと心配になるほどです。収容所の中で結束が強かったのは共産党員たちで、弱い者を助けていたと、ロベールはしゃべり続けます。

ヴッセンブールの国境まで来て、ようやくロベールが眠くなったと言うので、ホテルにはいります。ホテルに鱒《ます》の養魚池があるのに気がついたロベールは、突然鱒が食べたいと言い出します。ホテルのおかみがわざわざ鱒を一匹料理してくれたのを、ロベールはひと口食べたとたん卒倒します。

疲れからか、ロベールはそのままディオニスと同じベッドに寝ます。翌朝、ロベールはまだ生きていました。数時間後、ヴェルダンのブラッスリでひと休みします。ボーシャンとディオニスがロベールの両肩を支えて通路を歩くと、客は全員が立ち上がり頭を下げました。そのくらいロベールは痩せこけて、キリストのような悲愴な姿だったのです。

そのヴェルダンで医師に診てもらうと、食べさせてはいけない、車はゆっくり走らせなさいと注意されます。車の中でのロベールはしゃべる力を失っていました。

パリのサン・ブノワ通りに着いたのは、翌日の昼過ぎでした。近所の人たちや管理人の女性も出迎えました。デュラスは二階に上がる踊り場にいたのですが、ロベールを見るなり、叫んで押し入れの衣類の中に飛び込み、何時間も出て来ようとはしませんでした。

部屋にはロベールの妹のアリスやミッテランも待っていました。ロベールは二人を抱きしめます。医師が二人呼ばれていて、診察をしたあと診断をデュラスに伝えます。「もう今夜が最期だろう」という言葉にデュラスは腹を立てて追い出し、三人目のデュイ医師に来てもらいます。糖尿病の専門医で、長くインドに住み、飢餓状態にある患者の治療を心得ていたからです。デュイ医師は食事の代わりに、血清をロベールに与えます。

その後、ロベールは徐々に回復していきます。デュラスは三週間の間、食物を隠す必要がありました。食事の量はわずかずつ増やさねばなりません。あたかも潜水夫が少しずつ少しずつ海面に上がるのと同様でした。昼も夜も付き添ったのは、デュイ医師とデュラスでした。ディオニスもほとんど毎日来て、ミッテランとボーシャンも定期的に訪れます。

学生運動に連帯する作家たち

ロベールが多少元気になると、デュラスと一緒にしばらく保養所に移ります。元気を取り戻すにつれてロベールを苦しめたのは、「なぜ自分だけ生き残って、他の連中は死んだのだろう」という自責の念でした。そのうち、ゲシュタポに捕えられて別の収容所に入れられていた妹のマリー・ルイーズの死も伝わります。同じように熱烈なレジスタンスの一員だったのです。

ロベールとデュラスの仲がしっくりしなくなるのも、この頃からでした。ヒロシマに原爆が落とされ、ロベールは初めて外の世界を目にします。デュラスが自分から遠ざかっていくのを直感するのです。それでも一九四五年の秋になって、ロベールとデュラスはサン・ブノワ通りのアパルトマンに戻ります。ディオニスも毎日のようにそこに来て、夜は母親の所に帰って行きます。デュラスは母親代わりにロベールの世話をします。

一九四五年の末には、自宅を出版社にして本を刊行するようになりました。これがロベールの仕事になります。デュラスもようやく原稿が書けるようになり、ロベールとディオニスが添削します。

三人が共産党に入党したのはこの時期でした。アパルトマンでビラを印刷し、街角に張りに行くようになります。アパルトマンは友人たちのたまり場になります。料理上手のデュラスがみんなに食事を振る舞うのでなおさらです。サイゴンにいる母親が送ってくれる米が、常に台所にあったのです。デュラスは買物にも自分で出かけました。

ロベールとデュラス、ディオニスという奇妙な関係の中で、デュラスがディオニスの子ジャンを出産したのは、一九四七年の六月でした。出産したあとも、ロベールは一年間一緒に住みました。離婚届はジャンの出産前に十五区の市役所に届けていたにもかかわらずです。デュラスのほうでも、ロベールがアパルトマンから出ていくのを辛いと感じていたのです。ロベールは親しい友人に、「ぼくが他の所に行ったり、他のことをしたりしても、マルグリット・デュラスはぼくの生涯の妻だよ」と言っていました。

後にロベールはディオニスの昔の恋人と結婚し、ディオニスもデュラスとは別の女性と結婚します。しかし二人はデュラスのアパルトマンに出入りし続けるのです。友は友を呼び、サン・ブノワ通り五番地の四階はあたかも梁山泊のようになります。

一九五〇年の時点で、ここにやって来ては談論風発する仲間は多士済々でした。ジャック・ラカン（四十九歳）、ジョルジュ・バタイユ（五十三歳）、モーリス・メルロ＝ポンティ（四十二歳）、レーモン・クノー（四十七歳）、クロード・ロワ（三十五歳）、アルベール・カミュ（三十七歳）、フランソワ・ミッテラン（三十四歳）、その他の友人たちです。もちろん座をとりもつのはデュラス（三十六歳）で、常連はロベール（三十三歳）、ディオニス（三十四歳）であり、後にモーリス・ブランショ（四十三歳）も加わります。

その後、デュラスとロベール、ディオニスは共産党から身を退きます。党員ではなくても共産主義者だという認識は棄てませんでした。

モーリス・ブランショがデュラスのアパルトマンに出入りし出すと、いわゆる「サン・ブノワ通りグループ」の陰の政治上のグループになり、文学上の指南役にもなるのです。

政治の上ではアルジェリアの独立を抑圧するド・ゴール政権に異を唱えます。文学上ではモーリス・ブランショの影響で、いわゆるヌーボー・ロマンが花開きます。ジョルジュ・バタイユ、アラン・ロブ＝グリエ、ミシェル・ビュトール、ナタリー・サロート、またそれとは別にサミュエル・ベケットも加わります。

そして一九六八年五月の反体制学生運動には、モーリス・ブランショが起草した「学生運動に連帯する作家たち」に、多くの知識人が名を連ねます。もちろんそこにはデュラスやディオニス、ロベールの名もありました。デモ隊の数は、十万人を超え、「殺人者ド・ゴール、我々は労働者の味方だ」と叫び、インターナショナルとラ・マルセイエーズを高らかに歌いました。

この間に、デュラスの母は一九五二年にベトナムの財産をすべて処分して、亡夫の故郷近くにある古びた城と敷地を購入し、ニワトリと羊を飼育しはじめます。長男のピエールにも近くに家を買ってやり、住まわせます。母はデュラスが自分とピエールのことを悪く小説に書いたと恨んだまま、四年後に七十九歳で死去します。

ピエールはここぞとばかり、母と自分の土地をすべて売り、パリに出て競馬とバカラ、ポーカー三昧の生活になるのです。定職にもつかず、いとこや父の前妻の息子つまり義兄たちにお金を無心して住所も転々とします。四十五歳で二十五歳年下の女性と結婚をし、二人の子供に恵まれたものの、愛想づかされて離婚されます。幸い海事保険会社の重役になっていた義兄が下男や運転手の仕事を探してやりますが、どれも長続きしません。一九七八年、雇い主が出勤しないのを心配してアパルトマンに行くと死んでいました。長い間のアルコール摂取ゆえの肝臓癌が死因でした。

葬式をし、母の墓の側に葬ってやったのも義兄でした。あとでその報を聞いたデュラスは、「死ぬのが遅かった」と呟くのです。それでもピエールの部屋には、デュラスが載った雑誌や新聞の記事の切り抜きが所狭しと収集されていました。

四　モーリス・ブランショの『終わりなき対話』

『終わりなき対話』

デュラスの作品を批評した言葉からも察せられるように、モーリス・ブランショが終生その意味の重大さを痛感し、考え続けたのは人と人との対話でした。対話の中からこそ、思想が生まれるという信念があったのです。

ブランショの考えがまとまって一冊の本となったのは、一九六九年刊行の『終わりなき対話』（ガリマール社）という六百頁を超える大著です。一九六八年春の「学生運動に連帯する作家たち」が起草された翌年です。

第一章が「複数性の発言」で、その第二項が「最も深い問い」です。前述した命題「答えは質問の不幸である」が出てくるのがそこです。

ブランショは質問をことさら重要視し、「質問には大きな尊厳が備わっている」とまで言います。

質問は探求である。これは根本からの探求であって、底まで行って探り、底を掘り返し、ついには根こそぎするものである。この根まで掘り起こすのが、質問の働きである。これは時間を要する仕事であり、時間が自らを探し、質問という尊厳の中に自らを発見する。

・

この時間という渦巻運動の中で、問うという行為が底の方から表面に浮かび上がり、また新たな最も深い質問がその下に姿を見せる。

・

問うという行為は、質問が尽き果てるまで前進するか後退するかであって、こま切れの質問を積み重ねることによって、もはや問いかけ不能というところで、身を落ちつけるのである。

・

質問というのは従って、その本質からして一部分のものであり、そこには発言も常に未完成のものとして留まる。

平たく言えば、質問は完成品ではなく、時間をかけて質問を重ねることによって、深層にある新しい質問が浮かび上がってくる、とブランショは主張するのです。

そうなると質問する発言も、不完全なものと言えます。しかしここが重要な点で、ブランショは「質問は思考の願望である」とまで言い切ります。

何という美しい命題だろうと、私は感動さえ覚えます。ここまで質問の重みを掘り下げた思想家は、かつていなかったのではないでしょうか。

答えは可能性を奪う

この質問の答えの機能について、ブランショが例にとるのは、「空は青い」と「空は青いですか？　はい」の違いです。この文章の違いは小学生でも判別できます。しかし問題になるのは、後者での「はい」です。この「はい」は単なるありきたりの肯定ではありません。質問の中で、「空の青さ」はいったん空白の中に置かれます。といっても、粉々になって吹き飛ばされるわけではありません。逆に劇的にある可能性まで高められます。そこでは単なる「青」を超越して、それがかつてあったことのないような強烈さを保持して、問いの瞬間に、「空」との関係で対比されるのです。ところがです。そこに「はい」という答えが発せられ、肯定されたとたん、せっかく空白の中に置かれた「空の青さ」が消えているのに気づかされます。純粋な可能性にまで変容させられていた瞬間が消滅して、もはや元には戻りません。

換言すると、この「はい」が、私たちに与えられた贈物ともいうべき豊かな可能性を奪ってしまうのです。答えの中の「はい」によって、私たちは正しく真っ直ぐな主題を失い、ある豊かな可能性に辿りつく道しるべを損失してしまっています。

要するに「答えは質問の不幸」なのです。

そうです。答えによって質問は続かなくなり、打ち切られ、蓋をされてしまうのです。

もう一度繰り返すと、「空は青いですか」という問いかけによって、問われた存在は、ある種の力と勇気を伴って、強烈な照明を当てられます。その照明を、答えが消し去ります。

従って、答えるという行為は、質問の本質、答えられることによって消えてしまわないような大切なものを、再び取り戻すという性質のものであるべきなのです。

ここにブランショが主張する「終わりなき対話」の要諦があります。

ブランショがデュラスの『辻公園』を激賞したのも、行商人と小間使いの会話が長々と際限なく続いていたからでしょう。お互いが相手の質問に答えるのではなく、会話は微妙なズレを生じながら続き、その間に行商人の人生と小間使いの未来が開示されているのです。

五 アンドレ・グリーンからビオンへ、そして「答えは質問を殺す」

ラカンとブランショ

前述したモーリス・ブランショの「答えは質問の不幸である」を、ウィルフレッド・ビオンに伝えたのはアンドレ・グリーンです。ブランショの『終わりなき対話』が刊行されたのは一九六九年でした。ブランショのこの言葉を、ビオンがセミナーで披露したのは一九七五年のブラジリアにおいてでした。

アンドレ・グリーンはこの間に、ビオンにブランショの言葉を紹介したはずで、それがいつだったかは分かりません。

ブランショはフランスを代表する思想家であり、作家ですから、アンドレ・グリーンが早くから着目していたのは確かでしょう。しかし私は、ブランショとアンドレ・グリーンの仲介役がいたと思っています。それはアンドレ・グリーンと同じく精神分析医のジャック・ラカン（一九〇一—一九八一）でしょう。

ラカンとグリーンは、一九五五年にサン・タンヌ病院で出会い、一九六一年からはラカンが高等師範学校で開催していたセミナーに参加しています。ラカンから大きな影響を受けたものの、教育分析の資格を巡る問題から、ラカンが国際精神分析学会から脱会した一九六四年以後、疎遠になります。一九六七年からは縁を切り、精神分析理論の上でも対立するようになります。

ラカンが立ち上げたのは「パリ・フロイト学派」です。この学派の目標は明確で、①精神分析の理論と実践をし、分析家の教育も行う、②精神分析の応用として、治療理論や症例検討、精神医学・医学との連携、③フロイト研究の深化でした。さらに学派に属するメンバーの活動や企画は自由でした。これが精神分析学を学ぼうとする若者を大いに惹きつけ、ラカンブームを巻き起こしたのです。

一方のアンドレ・グリーンが率いるのは、「パリ精神分析連盟」と「フランス精神分析協会」でした。フランスで最も古い「パリ精神分析連盟」が創設されたのは、一九二六年ですから、ラカンやアンドレ・グリーンは戦後しばらくは、共にこの流れの中にいました。もっともグリーンはラカンより二十六歳年下ですから、大先輩としてラカンを尊敬していたはずです。

ラカンは一九五四年頃から、フロイトの仕事に独自の解釈を加えて発表していました。その集大成『エクリ』が一九六六年に刊行された際、アンドレ・グリーンは批判を加えています。このとき二人の決別は時間の問題だったのでしょう。

前にも述べたように、ラカンとブランショは、デュラスのアパルトマンに集う「サン・ブノワ通りの仲間」でした。思想上で指南役をしていたのはブランショでしたから、質問と答えの、のっぴきならない反発の機能について、たびたび口にしていたはずです。ラカンが六歳年下のブランショの才気に、感嘆していたのは間違いありません。グリーンと親しくしていた時期に、ラカンがモーリス・ブランショという傑物がいるくらいのことは口にしたでしょう。

キーツの「ネガティブ・ケイパビリティ」

他方で、アンドレ・グリーンがビオンと出会ったのは、一九五七年にパリで開催された、第二十回国際精神分析協会学会においてでした。グリーンは弱冠三十歳、ビオンは六十歳の大御所でした。以来、グリーンは英語で書かれたビオンの論文や著作を、熱心に読んでいたと思われます。そしてビオンの『注意と解釈』について、グリーンが書評を加えたのは一九七三年でした。「国際精神分析学雑誌」に「ネガティブ・ケイパビリティについて——W・R・ビオンの『注意と解釈』に関する批判的展望」という標題の長い論文を載せたのです。

私はこの標題を見て、はっとしました。九州大学の医学図書館で、この論文を読んだ記憶が甦ってきたからです。医学生になったのは一九七二年四月で、一年半後の一九七三年秋には、医学部のキャンパスに移り、医学図書館にも出入りしやすくなりました。精神分析には興味があったので、開架図書でその「国際精神分析学雑誌」を確かに読んだと直感しました。

つまり、ビオンの言う「ネガティブ・ケイパビリティ」を私が初見したのは、一九七三年だったのです。しかしその時はさして脳裡に刻まれず、医学部を卒業して精神科医になって六年後、一九八四年の「共感に向けて：不思議さの効用」というアメリカの精神科医による論文でネガティヴ・ケイパビリティを知って衝撃を受けたのです。その十年前にアンドレ・グリーンの論文で「ネガティヴ・ケイパビリティ」に接していたので、無意識のうちに心に響いたのかもしれません。しかし一九八四年のそのときに、アンドレ・グリーンもビオンの名前も甦ってこなかったのは確かです。

改めて四十年後の二〇二四年九月に九大医学図書館に行って、書庫にはいると、アンドレ・グリーンのその論文は見つかりました。

論文の標題には「ネガティヴ・ケイパビリティについて」が大きく書かれ、その下に小さく「W・R・ビオンの『注意と解釈』に関する批判的展望」と副題がついていました。大きな活字の標題のみを覚えていて、ビオンの名は忘れていました。とはいえ、旧友と再会したような喜びでした。

再読すると、ビオンがどうしてキーツのこの概念を発掘したかを、詳しく解き明かしていました。すっかり私の頭の中からは消えていたその詳細を改めてここで記載します。

ビオンはもともと、精神分析における解釈を重視していませんでした。というのも、解釈には解釈する者の知識、経験、性格が反映され、既に汚染したものになっているからです。ビオンに言わせれば、解釈によって得られた患者の現実は、そもそも患者の真の窮極の現実とは、大きなズレが生じているのです。精神分析がうまく機能している場合ですら、窮極の現実は〝知られる〟ものではなく、〝考えられる〟程度だというのがビオンの考えです。

——精神内界は知識で捉えられず、思考によって露《あらわ》になる。

アンドレ・グリーンは、「知識の働きの範疇を超える」という考え方こそが、ビオンの思索の根本だとします。例えばもし私たちが、ある対象にある場所を想定するとしたら、そのこと自体が、既に知識に染まっています。早急にある対象を何らかの内容で満たそうとすれば、もうそれ以降に起こるであろう流れに、身をゆだねることができなくなってしまいます。

従って、悲しみや失望、怒りなどが、精神現象として生じているとき、精神分析者は無の状態で耐えなければならず、その果てにある思考が生起するのです。こうしたビオンの見解は、従来の分析者の態度に、根本からの変化を促すものでした。

つまり、「すべてを知っていることは、真実を手放してしまうことである」とビオンは言明し、ここにこそ、ビオンの『注意と解釈』の中心主題があると、グリーンは喝破します。

ここからビオンは、分析者がクライエントと出会うとき、記憶や欲望、理解を捨てることこそが、出発点になるという結論に達するのです。グリーンはこれこそが、分析者が「人工的に盲目」にならなくてはならない所以だと指摘します。

この考えに至ったビオンだからこそ、キーツのネガティブ・ケイパビリティを探し出すことができたのです。その再発見までに、ネガティブ・ケイパビリティは一世紀半も待つ必要がありました。

グリーンの論文を再読して、そこに「ミーティング」に触れた箇所があることも初めて気がつきました。これも驚きでした。

――ミーティングそのものは、知識の源ではなく、逆にミーティングによる変容の過程を経て、知識が発生する。ミーティングは、知識によって捉えられて消滅するものと、変容によってもおそらく知ることのできない未知のものとを、つなぐ役目をする。

ビオンとグリーンの魂の交流

グリーンはさらに、ビオンが集団の力を強調していたのにからめて、集団のミーティングは、この知識の破壊と創造を繰り返して、より高い次元の思考に行きつくのだと解しています。

この論文全体から、アンドレ・グリーンがビオンを高く評価し、フロイト理論に新たな価値を加えた先達として畏敬している姿勢が読み取れます。

そうしたビオンとグリーンの魂の交流は、五十年前にこの論文を読んだ際には、全く感じなかったのです。まだ私も三十歳前の若輩でしたから、当然でしょう。

その意味で、このグリーンの論文を再読できたのは天が与えてくれた絶好の機会でした。

なお、この論文はグリーンがフランス語で書き、英訳されたものです。

グリーンがこの論文を書いた頃、ラカンからその名前を聞いて以来気になっていたモーリス・ブランショの『終わりなき対話』は、一九六九年に刊行されてすぐ読んでいたと思われます。読むとその中に、「答えは質問の不幸である」という一文があるのに瞠目させられます。これはビオンがキーツに見出した「ネガティブ・ケイパビリティ」と同じ概念ではないか、と直感したのでしょう。

そこですぐさま、ブランショのこの言葉をビオンに知らせたのだと思われます。ブランショの言葉を知ったビオンは、これだと狂喜し、一九七五年のブラジリアのセミナーで、これを英語に訳して、「答えは質問の不幸、または好奇心の病いである」と言い、さらに「答えは質問を殺す」とまで明言するに至ったのです。

六　アンドレ・グリーンの「否定の働き」

否定的に知る

国の違いを超えて、アンドレ・グリーンは、精神分析学の先達としてのビオンを最大限に評価していました。キーツがたった一度だけ弟二人に宛てた手紙に記した「ネガティブ・ケイパビリティ」の概念を探し当て、精神分析の分野に開花させたビオンをいち早く評価したのは、前述のようにグリーンです。

もうひとつ、これこそビオンの功績だとグリーンが称揚したのは、「否定の働き」の考え方を創出したことでした。

欲求が満たされなかったとき、人は通常二つの方法でそれを解消します。何とかして欲求を充当させるか、あるいは欲求を排除するかですが、その双方において「否定」が関与しています。何とかして欲望をかなえようとするとき、期待通りの満足が得られないとみて、その欲求不満を目減りさせる方法が前者です。そこにも否定が関与します。

後者では、欲求がそもそも存在しなかったと否定して、欲求をないものにしてしまうやり方です。このときは、欲求を追放するという否定と、存在がないとする否定が二重に働きます。

ここから「否定の働き」という新しい概念が、精神分析理論の中に生まれたのです。

他方、精神分析の中でフロイト以来、確固たる公式として認められてきたのは、「愛」と「憎」という対立概念でした。そこに「知る」という三番目の概念を初めて導入したのが、ビオンだったのです。

「愛する」「憎む」「知る」の三つの働きによって、人の心の動きは、ひとつのまとまったものになります。しかし問題は、この第三の要素の「知る」がひとり立ちしてしまうと、他の二つ「愛する」と「憎む」が不完全なものになり、人の心の発達が抑制されるのではないかという懸念です。つまり、「知る」が「愛する」と「憎む」の上に立って、支配してしまう恐れがあるのです。

こうした誤解を避けるために、ビオンが考え出したのが、「知る」を十と一に分けるやり方で、ここから「否定的に知る」という概念が創出されたのです。換言すると「理解しない」でもあり、ここに至って、キーツの「ネガティブ・ケイパビリティ」と二重写しになるのです。

あるいはまた、オープン・ダイアローグの「無評価」や「not knowing」も想起させます。

否定の思考

こうしたビオンの仕事の延長で、グリーンが追求したのが「否定の働き」でした。グリーンにとって、「否定の働き」があってこそ、人の心の発達が成就されるものなのです。

「否定の働き」の一形態は「抑圧」でしょう。不快な感情を意識の底に沈めてしまうのが抑圧です。しかしビオンの言葉を借りると、この抑圧なしに「人の成長は実現できない」のです。

もうひとつの「否定の働き」の形は「抵抗」でしょう。「今日はこの事については話したくないです」や「これについて話すことはたくさんありますが、全く話したくないです」と、クライエントが精神分析医から何かを訊かれて答えるのが抵抗です。ビオンに言わせると、この「抵抗」はどんな思考といえども、それを内包しているものなのです。「抵抗」を含まない思考はありえないと言えます。

アンドレ・グリーンに戻ると、「否定の思考」こそが思考の可能性を広げる力を持っていると指摘します。「否定の思考」は、思考が覆い隠しているその広がりを、垣間見せてくれるのです。例えば、提起した問題に解答を与えるとき、それにはふさわしくない領域があって、暗がりに隠れているとします。その暗がりを放置したままでは、「否定の思考」は発言となって生まれないのです。

そういう意味では、質問に答えるための最もよい道具は、唯一「否定の思考」なのです。

言い換えると、思考とはそもそも、否定の領域での生活との関連の中でしか生じないものなのです。

グリーンに言わせると、精神分析の発展の過程で、最も画期を成す転回のひとつは、思考が長い間無視してきた思考の現象を考慮に入れたことなのです。

これまで述べてきたように、ジョン・キーツのネガティブ・ケイパビリティを再発見したビオンは、ブランショの「答えは質問の不幸である」という命題にいたく心を打たれ、「答えは質問を殺す」とまで言い切りました。ブランショの考え方は、答えは質問を途絶させ、これが対話を打ち切らせてしまう、というものです。対話は無限であるべきだというのが、ブランショの信条でした。

他方で、ビオンの最大の業績として、精神分析の中の「愛」と「憎」に加えて、新たに「知」を持ち込んだ事実を指摘したのが、グリーンでした。その「知」から出発して、グリーンは「知」の裏側にある「否定の働き」の概念を拡大させました。「否定」こそが思考の深底に埋もれているものを浮上させ、言葉にさせると言うのです。対話の可能性に風穴を開けるのが、「否定の働き」だと主張したのです。

私は「答えの出ない事態に耐える力」であるネガティブ・ケイパビリティの概念が、

ビオン、ブランショ、グリーンのおかげでここまで到達したのを確かめて、感動を覚えます。

七　正しい説明は凶器になる

緩和ケアの現場で

そして最近、えっと驚かされたのが、この項に掲げた「正しい説明は凶器になる」という現象です。

発端は私の『ネガティブ・ケイパビリティ——答えの出ない事態に耐える力』を読んだ、日本赤十字社総合福祉センター所長の矢野真医師から贈呈された書物です。患者さんの質問に対する医療者側の説明が、患者さんの不安や不満をさらに追いつめるというのです。つまり良かれと思ってなされた医師の正しい説明が、ペイシェント・ハラスメントになるというのです。医師たるもの「正しい説明」をしようとしているので、これは聞き捨てなりません。

贈られた書物は、静岡県立総合病院副院長の岸本寛史著『緩和ケアという物語――正しい説明という暴力』でした。岸本医師は長年、「緩和ケア」の現場で働いていた方です。

岸本医師は日頃から、「緩和ケア」がどういうものか、市民にも医療従事者にもさして理解されていないと感じる機会がしばしばでした。これは私自身の体験に照らし合わせても全くその通りで、「死にゆく患者さんのケアをする治療行為」くらいに漠然と思っていました。そんな世の中の風潮に対して、日本緩和医療学会では二〇一四年に「市民に向けた緩和ケアの説明文」を公表したそうです。

これに、岸本医師は首をかしげます。「緩和ケアの正しい認識」とはそもそもありうるのだろうか、正しい理解を促そうとする姿勢は、時として「正しい説明という暴力」になるのではないかと疑問に思ったのです。

正しい、間違っている、という物差しで患者の話を聞くよりも、患者が抱く「緩和ケア物語」を出発点として治療やケアについて考えていくことこそ必要なのではないだろうか。

換言すると、「患者を正しい理解に導こうとするのではなく、患者を物語の語り手として、つまり医療の主体として位置づけ、患者が抱くストーリーを医療の中心に置こうとするスタンスをとったときに見えてくる世界」こそが重要ではないかと、岸本医師は考えたのです。

さらに岸本医師は、「正しい緩和医療」を基準にして教育された緩和チームのスタッフが、主治医や患者に対して「緩和のことを全然わかってくれない」と、不満を漏らすのを見聞きして、「正しい理解」の弊害が出ていると感じました。

加えて緩和チームは、患者を治療している内科医に対して、「痛みのチェックシート」を渡すのも日常業務だと言います。内科医が戸惑うのはもちろんであり、患者もチェックシートの質問に逆に痛みを感じ、それが繰り返されると嫌気がさします。そうすると、この「痛みを正しく評価すること」も、一種の暴力になります。ここでも私は、オープン・ダイアローグの「無評価」を思い出しました。

例えばある外科医は、自分の癌患者の痛みがひどくなったので、緩和チームに援助を求めました。この患者は高齢でもあり、家族も病名告知を望んでいなかったので、外科医は告知しないままでいました。それを医師や看護師、臨床心理士からなる緩和チームのメンバーは、口々に「病名告知をしていないことが、そもそも問題だ」と、主治医を叱ったそうです。

ここに岸本医師は、「病状を正しく説明すること」も暴力になると痛感するのです。しかも叱責されたこの外科医は、以後一切緩和チームの助力を求めなくなったのですから、確かに「正しい説明」は「深い傷を残す暴力」になっていたのです。

私はこれを読んだ瞬間、ビオンが若い精神分析医を戒めた言葉を思い出しました。ビオンは後輩たちに、クライエントと対峙するとき、記憶も理解も欲望もなく、と忠告したのです。若い人たちは、えてして精神分析理論の「正しい」理解と「正しい」記憶を基にして、クライエントに「正しい」治療を施そうとしがちです。しかしそれでは、クライエントとの一期一会の出会いから生じる、無垢の感触を味わえないと言ったのです。

岸本医師の警鐘もこれに酷似しています。なるほどと私は得心し、「正しい説明は凶器になる」と解釈したのです。

蔓延する「正しい説明」

しかしよく考えてみると、この「正しい」説明をしようとする人たちが、この世には満ち満ちています。医療現場だけにとどまらず、あちこちに「正しい説明」が蔓延しています。毎日のテレビ番組でも、コメンテイターたちが、ひたすら「正しい説明」をしようと懸命になっています。あたかも「正しい説明」を金科玉条として、解説しているのです。

えてして「正しい説明」にやっきになっている解説者は、他人の意見など聞かず、雄弁に滔々と五分でも十分でもまくしたてます。すると周囲の人はだまり込み、発言する気さえ失くしてしまいがちです。

この「正しい説明」は、問題となる事柄に蓋をして、二度と日の目を見ないようにしているのです。議論の俎上に載せている事柄を、棺の中に入れて葬り去っています。そうではなく、柔軟な説明を加えて、他の人の説明を待ったほうが、問題となっている事柄自体も窒息せずにすむはずです。

先に紹介したNHKラジオのキャスターの「○○ということですね」も、「正しい」要約をしたつもりなのかもしれませんが、その実、それまでの発言を小さく閉じ込めてしまって蓋をしているのです。

シンポジウムの語源

世の中でよく行われているシンポジウムの語源は、「シュンポシオン」だと言われています。古代ギリシャでの「シュンポシオン」は、「共に飲む」ことを意味し、夕食後の酒宴がそれでした。酒を飲みながら、気のおけない仲間とああでもない、こうでもないと、議論し合う場だったのです。

会食者は冗談を言いつつ笑いを誘う話をし、かと思えば深刻な話をする人もいて、客人がその場にいれば、みんなが知らない体験談を語り、また異民族の奇妙な風俗も面白おかしく語り合ったと言います。

もちろん哲学じみた話が語られることもあったのでしょうが、「正しい説明」などは忌み嫌われたはずです。そんな話は、弾む談論に水をかける結果になり、座は白けてしまうからです。

実際に、プラトンの最高作と目されている『饗宴』を読むと、終わりのない談話が延々と続き、追うのにひと苦労します。まさしく無限の対話が続き、否定もあれば肯定もあり、疑いをはさむ者もいて、さらに途中から新参者が別の話を持ち込んだりするのです。談話がやむのは、居眠りする者や立ち去る者が出たときで、最後にはソクラテスが翌日の早暁に、残りの者を寝かせて、立ち去るのです。

どう注意するか

つい最近も、「正しい説明が凶器にな」りかねない例を、テレビ放送で知らされました。ＮＨＫが、ロゴセラピーの創始者である、ヴィクトール・フランクルの人生を紹介している番組でした。そこにフランクルの直弟子である高齢の女性が登場して、ロゴセラピーは人と人との衝突も避け、平和を創り出すこともできると強調したのです。その卑近な例として自分のささやかな体験を語っていました。

この人は高齢になっても日々、近くの公営プールに行って泳ぐそうです。もちろんプールの隅のほうを、ゆっくり泳いだり水中歩行をしたりするだけです。するとある日から若い男性がやって来て、さっそうと水しぶきを上げて猛スピードで泳ぐようになりました。そのたびに端にいる高齢者たちは、泳ぎをやめなければなりません。水しぶきもかかるし、波で水面も揺れるからです。

数日後、フランクルの愛弟子だった女性は、「本当に泳ぎがお上手ですのね」と誉めたそうです。すると、そのとたん若者の泳ぎは静かになり、翌日からも迷惑のない泳ぎ方をしてくれるようになったと言います。

この高齢女性は、「これでは周囲が困るのでやめてくれないか、と注意することもできました。あるいは事務所に苦情を申し出ることもできました。しかしそれでは若者が傷つくと思ったのです」と言ったのです。

私はなるほどと得心しました。ここは誰もが利用する公共の施設だ、高齢者も多くいる、もっと静かに泳いでくれないか、というのが正しい説明でしょう。おそらく管理事務所の係員も、同様の説明をしていたはずです。

そう注意されて、若者が「すみませんでした」と引き下がるかどうかは疑問です。公共のプールだから、どう泳ごうと勝手だろう、と反発するかもしれません。あるいは腹を立てて翌日から来なくなる可能性だってあります。若者の心が傷ついたのです。

そうした事態を、ロゴセラピーの実践者であるその高齢女性は、絶妙の誉め言葉で丸くおさめたのです。

その後も、その若者はプールに来ると、その女性に挨拶し、「お元気ですね」と声をかけたに違いありません。

八　アンドレ・グリーンによるヘルダーリン

暗闇を迷いながら生きていく

アンドレ・グリーンは画一化や単一化、整然とした論理に対して、生涯をかけて反発した人でした。その主著『否定の働き』の末尾に、フリードリッヒ・ヘルダーリン（一七七〇―一八四三）が一七九九年六月四日、弟に宛てた手紙の一節を引用しています。ヘルダーリンはドイツの詩人であり、哲学者です。ヘーゲルやシェリングとも親交があったのですが、三十歳を過ぎて精神科病院に何度も入院し、一八〇七年からの後半生は家族から塔に幽閉されます。それでも詩作と思索を続けました。

人が偉大さと卑小さ、最良のものと最悪のものを有している根源はひとつですが、全体に於いては良いものです。人それぞれが、自分のやり方で、大なり小なり、人としての使命を果たすようになっています。つまり、大自然としての人生を増殖させ、促進し、個別化し、交ぜ合わせ、分別し、結合させるのです。この大自然を理想化し、前に進め、加工し、発展させ、完成させるという先天的な本能は、人間の仕事には大して関与しないという事実は、よく理解しておかねばなりません。人の仕事というのは、習慣や模倣によって伝統に従い、祖先がその必要に応じて創り出したものを継承することなのです。（中略）人は常に手探りで各自の道を歩んでいます。ぶつぶつ言いつつ、心ならずも粗暴に振舞いながらです。哲学と芸術、宗教の役割は、人の本能由来でありながらも、人間のこの旅の間に、導き、大きく目を見開き、喜びと尊厳を失わせないようにすることなのです。

人の人生は、謎と不思議さに満ちてはいるものの、各自は暗闇を迷いながら生きていく他はない、とヘルダーリンは言っています。その手探りと苦悩の中に、喜びも人としての尊厳も含まれているのです。

アンドレ・グリーンが、二世紀前のヘルダーリンの書簡の中にこの文章を見出したのは、ビオンが一世紀半前のキーツの手紙の中に、ネガティブ・ケイパビリティの概念を発見したのと、全く同じ構図です。おそらくグリーンには、ビオンに対抗する心があったのでしょう。無意識にしたとは、とても思えません。

とすれば、ネガティブ・ケイパビリティが「負の力」と訳されるように、アンドレ・グリーンの「否定の働き」も「負の働き」と訳してもいいのかもしれません。

やはり人は、生身の自分で、手探りしながら薄暗がりの紆余曲折の道を歩いていくことに価値があるのです。その際、世の中の流れに付和雷同するのではなく、「いやこれは違う、どこかおかしい」と異を唱えることが、その人なりの人生を豊かにするのです。

おわりに

今の世の中で、大はやりなのは、議論でどうやって相手を打ち負かすかだけを目的とした論争《ディベート》です。えてして、こうした論争では、正直な自分の姿は決して相手には見せません。頭の中でこねくり回した論法のみで、相手を屈伏させようとします。

その論法の中に、正義や倫理が含まれないのも特徴です。正義や倫理を語るためには、自分のありのままの姿をさらさなければなりません。発言者の人格の上に、正義も倫理も成立するからです。

相手を打ち負かすための議論をする典型は、トランプ米大統領でしょう。自分の正体は隠して、相手の欠点ばかり見つけて、針小棒大に悪態をつきます。そこにはポリフォニーを尊重する態度はみじんもなく、相手との議論によって、新しい次元の問題に対峙する寛容さもありません。偽の「正しい説明」を凶器として相手にぶつけて、倒す闘志、いや喧嘩腰があるのみです。そのため議論は広がらず、どこを切っても金太郎飴のように同じ言い分になります。まさに、最悪の論議の見本でしょう。

本書では、それとは全く別の会議《ミーティング》のあり様を、具体例をあげて呈示しました。今の世にありふれた、前時代の遺物のような旧態依然とした会議をやめ、もっと役に立つ、議論に加わる人々が成長するようなミーティングをしませんか、という提案です。

議論や対話は、何も相手を打ち負かすだけが重要ではありません。たとえ結論が出なくても、いや結論は出ないにこしたことはありませんが、対話の積み重ねで、その人が、いや私たちが変わり、成長するためにあります。

そんな有益なミーティングの側面を、私たちは長い間見捨てて見失っていたのです。もうひとつ世間で流行しているのがクイズです。テレビの番組でも、クイズで問題を出して正答を競い合っています。その速さまでも勝負の分かれ目になります。正解が分かっている問題を、素早く解くのが頭の良さだという前提があるのでしょう。知識の豊富さを誇るための競技なのかもしれませんが、その知識たるや全くの細切れです。

そこには、本書で論じてきた「答えは質問の不幸である」や、「答えは質問を殺す」といった認識のかけらもありません。脳ではなく脊髄反射を競うようなものです。ましてや「終わりなき対話」や「否定の働き」といった人間の奥深い能力とは一切関係がないのです。

第四章で詳述した「サン・ブノワ通りの仲間たち」の間で交わされた対話は、論破を目指すものでも、物知りをひけらかすものでもありませんでした。まさにプラトンの『饗宴』そのものだったのです。

誰もが自分の考えを勝手にしゃべり、その話に耳を傾けます。話題は文学や哲学、政治、演劇や絵画、宗教など多岐にわたっていました。身分や地位の上下などなく、言いっ放しで聞きっ放しの場です。答えのない状況を語るのですから、結論などないオープン・ダイアローグになっていました。

終わりのない対話であり、世の中の風潮への異議申し立ても、当然ありました。アルジェリア独立を弾圧しようとしたド・ゴール将軍に対しては、打倒を叫びます。パリの五月革命のときは、学生との連帯を表明します。世の中の流れに棹さすのをよしとしない仲間たちでした。

そしてそこから、フランスの知性を代表する面々が旅立っていったのです。

モーリス・ブランショは、一九八四年にデュラスが『愛人』でゴンクール賞を受賞した際も、推挙者のひとりでした。デュラスのこの受賞は、一九五〇年に『太平洋の防波堤』がゴンクール賞の候補になってから三十四年後のことで、デュラスは七十歳になっていました。

ジャック・ラカンは、デュラスの『ロル・V・シュタインの歓喜』(一九六四年刊)を精神分析の立場から激賞します。自分が無意識について教えている内容など知らずに、デュラスはこの小説で無意識を描き切ったと言うのです。そしてデュラスが一九八二年に刊行した『死の病い』に対して、同性愛を扱ったため少なからぬ批判を浴びた際、ラカンが生きていたら、どんな擁護の弁を口にしただろうかと惜しまれました。

モーリス・メルロ＝ポンティ(一九〇八―一九六一)は高等師範学校で学び、ジャン＝ポール・サルトルが同窓であり、親交を結びます。一九四五年、ソルボンヌ大の博士論文となったのが、一世を風靡した『知覚の現象学』です。一九五二年には、アンリ・ベルクソンの後継として、コレージュ・ド・フランスの哲学教授になり、五十三歳で早逝するまで教鞭を執りました。

その間、一九四五年に「レ・タン・モデルヌ」誌を創刊し、政治面での主筆になります。しかしマルクス主義に近いサルトルとの意見の違いから、友情は一九五二年に破綻して、「レ・タン・モデルヌ」を去ります。しかしデュラスとの友情は終生変わりませんでした。

『異邦人』でのノーベル文学賞受賞（一九五七）で余りにも有名なアルベール・カミュ（一九一三―一九六〇）は、デュラスの恋人だったディオニス・マスコロを通じてデュラスを知ります。ディオニスは、カミュと共にガリマール社の原稿審査委員会のメンバーだったのです。カミュもサン・ブノワ通り五番地に通い、上機嫌のデュラスが歌うのも耳にします。デュラスもカミュからは影響を受け、『あつかましき人々』は『異邦人』の向こうを張ったという見方もあったのです。『異邦人』はアルジェリア、デュラスの作品はインドシナを舞台にしていたからでしょう。

ジョルジュ・バタイユ（一八九七―一九六二）は、作家、哲学者、詩人、評論家という多彩な肩書を持っています。やはりサン・ブノワ通りの仲間ですが、「神学は別にして、非共産主義の思想など、この世にはない」と言明したディオニスを、やんわりと制しました。一九五八年の出来事です。一九四六年には『批評』誌を創刊しています。

レーモン・クノー（一九〇三―一九七六）はソルボンヌで哲学を学び、早くから小説を書き、ガリマール社に入社しています。原稿審査委員会の一員で、そこでデュラスの

『あつかましき人々』の草稿を読んで却下したのです。しかしその才能を直感して、その後は親交を深めます。「とにかく書きなさい。あなたがしなければならないのは、書くことです」とデュラスに言い続けたのもクノーでした。デュラスの著作の多くがガリマール社から出版されたのも、クノーの手腕でしょう。一九五九年には『プレイヤード百科事典』の主幹になり、その年に何気なく書いた『地下鉄のザジ』は大ヒットし、ルイ・マル監督によって映画化もされました。

デュラスと共にレジスタンスを生き抜いたフランソワ・ミッテラン（一九一六―一九九六）は、一九六五年の初の大統領直接選挙で、ド・ゴール大統領に対する左翼の統一候補になります。一九七四年にも再び左翼の統一候補になったものの、ジスカールデスタンに惜敗します。ようやく一九八一年の選挙で、晴れて大統領になります。そのあと一九八五年七月二十五日、ミッテランは、サン・ブノワ通りのデュラスを訪問します。来訪が決まったとき、デュラスは「さて何の料理を作ろうかしら。そうだ、ひよこ豆料理がいい」と言うのです。そしていよいよ大統領を迎えた際、「あの戦時中、あなたはこのサン・ブノワ通りにバリケードを築いて通れなくした。四十年後の今日、あなたは通りの中央でみんなに囲まれ立ち往生した」と言って笑いました。

この昼食をはさんでの会見は、後日メディアを賑わせます。「わたしたちは占領下で知り合ったの。お互いに心から尊敬し合っていたわ」とデュラスは記者に答え、ミッテランも別の機会に応じます。「私は本当にマルグリットを尊敬している。彼女はずっと私に対して誠実だったし、信頼してくれていた。人生に於いてこういう友情は大切だよ」。

そしてミッテランの親友だった批評家で小説家のクロード・ロワ（一九一五―一九九七）も、サン・ブノワ通り五番地に出入りした常連でした。彼もこう書きます。「占領から解放されたあと、サン・ブノワ通りは、ロシアの小説に登場するインテリゲンチア時代の家のようだった。いつも人が出入りしていた。思想家が三人、友人が五人いて、その周囲に新聞が二十紙、批評誌が三誌、新刊書が十冊はあった。いつも湯が沸いていて、飲むのは紅茶ではなくコーヒーだった。この興奮と幻想、沸騰と不安の巣箱の中で、マルグリットは女王だった。彼女は素っ気ない心とバロック調の激しさ、限りない怒りと貪欲さ、熱情と驚き、羊のような粗暴さ、花のような無邪気さ、猫のような優しさがあった。彼女がみんなに注ぐ優しさは、まるで葉っぱで織られた新鮮な布のようだった」。

そんなデュラスを「離婚したとしても、マルグリットは私の永遠の妻だ」と言ったロベール・アンテルム（一九一七―一九九〇）は、ダッハウ収容所から生還後の一九四七年、感動に満ちた『人間の種類』を書きます。収容所の苛酷な生活の中でも人間性を失わなかった人々の姿を描いたこの書は、別の収容所で命を絶たれた妹のマリー・ルイーズに献じられました。この傑作は初めデュラスと作った小さな出版社から刊行され、後にガリマール社から再刊されます。ソルジェニーツィンの『イワン・デニーソヴィチの一日』に匹敵すると評されました。

ロベールは離婚後もデュラスやディオニス・マスコロと行動を共にします。一九八三年に脳出血を起こしてからは身体が不自由になり、一九九〇年に死去します。その二年後、デュラスの息子のジャン・マスコロが、長大なドキュメンタリーで、母にサン・ブノワの仲間たちについて語らせます。するとロベールについてデュラスは、「彼が死んだときは泣かなかったけれど、今は泣くわ。この涙の中に人生の何かがあるから」と、カメラに向かって語るのです。このインタビューの標題は『不服従の精神』でした。

最後は、結婚はしなかったもののデュラスが熱烈に愛し、ひとり息子を授かったディオニス・マスコロ（一九一六―一九九七）です。デュラスとの交際は一九五六年まで続きます。最大の著作は一九五三年に刊行した『共産主義』で、従来の共産主義とは違った見解を呈示します。左翼と右翼の根深い溝を埋めるのが彼の言う共産主義であり、これこそが人間の思想の産物だと主張しました。その後は超現実主義運動に関心を寄せ、多くの若い芸術家をサン・ブノワ通り五番地に誘い入れました。

稿を閉じる前に、デュラス自身の後半生を語る必要があります。デュラスの最後の伴侶は、同性愛者のヤン・アンドレア（一九五二―二〇一四）でした。ヤンはカーン大学の哲学科の学生だったときに、デュラスの『タルキニアの小馬』を読んで衝撃を受け、ファンになります。手紙を書き続け、デュラスも新作を贈るようになります。デュラスはサン・ブノワ通りのアパルトマン以外に、パリ郊外のノーフル・ル・シャトーに住まいを確保し、もうひとつ、ノルマンディーにあるトゥルーヴィルホテルの一〇五号室を購入したのが一九六三年です。同じホテルの一一〇号室は、プルーストの『失われた時を求めて』にも出てくる部屋だったので、縁を感じたのでしょう。このトゥルーヴィルはカーン市の近くだったので、ヤンはデュラスから呼ばれて会いに行きます。それが一九八〇年で、以来ヤンはデュラスの許を離れなかったのです。

一九九六年一月八日にミッテランが死去し、その二ヵ月後の三月三日、デュラスはサン・ブノワ通りのアパルトマンで息絶えます。その最期を看取ったのはヤンで、デュラスにこう言い続けます。

「――あなたは病気で死ぬのではない。疲れ果てて死ぬのだ。この世の中を余りに見過ぎたので死ぬ。ウィスキーや赤ワイン、白ワイン、その他あらゆる種類のアルコールを飲み過ぎて死ぬ。フィルターなしのジタンを吸い過ぎて死ぬ。余りに愛し過ぎて死ぬ。世の中の不正義や耐えられない貧困に対して、怒り過ぎて死ぬ。余りに書き過ぎて死ぬ。膨大な著作。一冊書き終えるたび、あなたは死んだようになり、生気をなくした。あなたの手も精神も死んだようになった――」。

このデュラスの死後一年して、パリの都市再開発のため、サン・ブノワ通りの建物はすべて解体されます。あれほど賑わったサン・ブノワ通りの仲間たちの巣窟は永遠に姿を消したのです。

「サン・ブノワ通りの仲間たち」は、まさにバフチンが唱えたポリフォニーの具現者であり、自助グループが目指す、思いやり、寛容、正直、謙虚を念頭に、誰もが自分の心を打ち開け、批判はそっちのけで、何年もの間、終わりなき対話を続けた場でした。

私はこのポリフォニーという言葉で、真っ先に思い浮かべるのは『万葉集』です。短歌、長歌、旋頭歌《せどうか》を合わせて四千五百余首が収められ、その内容も相聞、挽歌、譬喩歌、四季歌、悲別歌、問答歌、羇旅歌、心中思惟歌、など多彩です。万葉の「葉」を歌の意味に解すれば、まさしく万の歌、万の声なのです。

本書の執筆の動機は、現在の会議《ミーティング》が余りに硬直化して、本来の機能を失ってはいないだろうか、という疑念でした。本書が取り上げた幾多の生気に満ちたミーティングを念頭にして、読者が新たな可能性を、自分が参加する会議で工夫するきっかけになれば、私の目的は果たせたと言えます。

参考文献

- 帚木蓬生：『ギャンブル脳』、新潮新書、二〇二五
- 帚木蓬生：『ネガティブ・ケイパビリティ――答えの出ない事態に耐える力』、朝日選書、二〇一七
- 伊佐正：リスクとリターンのバランスを測る脳のはたらき―ギャンブル依存症との関係について、學士會会報No.九六九、二〇二四
- Russell Razzaque: Dialogical Psychiatry, A Handbook for the Teaching & Practice of Open Dialogue, Omni House Books, 2019.
- Nick Putman, Brian Martindale: Open Dialogue for Psychosis, Organising Mental Health Services to Prioritise Dialogue, Relationship and Meaning, Routledge, 2021.
- Michael Holquist (translated by Caryl Emerson and Michael Holquist) : The Dialogic Imagination, Four Essays by M.M. Bakhtin, University of Texas Press, 1982.
- John Keats: A critical edition of The Major Works, Oxford University Press, 1990.
- Wilfred R. Bion: Attention and Interpretation, Karnac, 1984.
- Marguerite Duras: Dix heures et demie du soir en été, Gallimard, 1960.
- Marguerite Duras: Les Impudents, Plon, 1943.
- Marguerite Duras: La vie tranquille, Gallimard, 1944.
- Marguerite Duras: Un barrage contre le Pacifique, Gallimard, 1950.
- Marguerite Duras: Le Marin de Gibraltar, Gallimard, 1952.
- Marguerite Duras: Les Petits chevaux de Tarquinia, Gallimard, 1953.

・Marguerite Duras: Des Journées entières dans les arbres, Gallimard, 1954.
・Marguerite Duras: Le Square, Gallimard, 1955.
・Marguerite Duras: Moderato Cantabile, Minuit, 1958.
・Marguerite Duras: Les Viaducs de la Seine-et-Oise, Gallimard, 1960.
・Marguerite Duras: Hiroshima mon amour, Gallimard, 1960.
・Marguerite Duras: Une aussi longue absence, Gallimard, 1961.
・Marguerite Duras: L'après-midi de Monsieur Andesmas, Gallimard, 1962.
・Marguerite Duras: Le Ravissement de Lol V. Stein, Gallimard, 1964.
・Marguerite Duras: Le Vice-consul, Gallimard, 1965.
・Maurice Blanchot: L'Entretien infini, Gallimard, 1969.
・Jacques Lacan: Écrits Ⅰ Ⅱ, Seuil, 1966.
・André Green: On Negative Capability, A Critical Review of W.R. Bion's Attention and Interpretation1. Int. J. Psycho-Anal., 54: 115-119, 1973.
・André Green: Le Travail du Négatif, Minuit, 1993.
・岸本寛史：『緩和ケアという物語——正しい説明という暴力』、創元社、二〇一五
・岩田誠：冥界のシンポジウム、ぶれいん（一五六号）、五—七、二〇二四
・プラトン（久保勉訳）：『饗宴』、岩波文庫、一九五二
・野村章恒：『森田正馬評伝』、白揚社、一九七四
・『歴史群像アーカイブ22　日露戦争』、学研パブリッシング、二〇一一
・長南政義：『二〇三高地　旅順攻囲戦と乃木希典の決断』、角川新書、二〇二四

・帚木蓬生：『蛍の航跡　軍医たちの黙示録』、新潮社、二〇一一
・笹瀬博次：『インパール作戦　コヒマへの道』、日本教育研究センター、一九八九
・陸戦史研究普及会（編）：『陸戦史集13　インパール作戦（上）』、原書房、一九六九
・丸山静雄：『インパール作戦従軍記——一新聞記者の回想——』、岩波新書、一九八四
・Jean Vallier: C'était Marguerite Duras 1914-1996, Le Livre de Poche, 2014.
・Laure Adler: Marguerite Duras, Gallimard, 1998.
・Jean Mascolo, Alain Vircondelet: Marguerite Duras, Editions du Chene, 1996.
・Alain Vircondelet: Marguerite Duras, Seghers, 1972.
・Aliette Armel: Marguerite Duras, Les trois lieux de l'écrit, Christion Pirot, 1998.
・Marguerite Duras, Jacques Lacan, Maurice Blanchot, Dionys Mascolo, Xavière Gauthier, Benoit Jacquot, Pierre Fedida...: Marguerite Duras, Albatros, 1975.
・Marguerite Duras: L'Amant, Les éditions de Minuit, 1984.
・Marguerite Duras: La Maladie de la mort, Minuit, 1982.
・佐佐木信綱（編）：『新訓万葉集（上下）』、岩波文庫、一九二七

講談社現代新書　2768

ほんとうの会議《かいぎ》　ネガティブ・ケイパビリティ実践法《じっせんほう》

二〇二五年三月二〇日第一刷発行

著　者　帚木蓬生《ははきぎほうせい》　

発行者　篠木和久

発行所　株式会社講談社

東京都文京区音羽二丁目一二―二一　郵便番号一一二―八〇〇一

電　話　〇三―五三九五―三五二一　編集（現代新書）

〇三―五三九五―五八一七　販売

〇三―五三九五―三六一五　業務

装幀者　中島英樹／中島デザイン

印刷所　株式会社ＫＰＳプロダクツ

製本所　株式会社国宝社

定価はカバーに表示してあります　Printed in Japan

N.D.C. 146　246p　18cm

ISBN978-4-06-539011-5

「講談社現代新書」の刊行にあたって

教養は万人が身をもって養い創造すべきものであって、一部の専門家の占有物として、ただ一方的に人々の手もとに配布され伝達されうるものではありません。

しかし、不幸にしてわが国の現状では、教養の重要な養いとなるべき書物は、ほとんど講壇からの天下りや単なる解説に終始し、知識技術を真剣に希求する青少年・学生・一般民衆の根本的な疑問や興味は、けっして十分に答えられ、解きほぐされ、手引きされることがありません。万人の内奥から発した真正の教養への芽ばえが、こうして放置され、むなしく滅びさる運命にゆだねられているのです。

このことは、中・高校だけで教育をおわる人々の成長をはばんでいるだけでなく、大学に進んだり、インテリと目されたりする人々の精神力の健康さえもむしばみ、わが国の文化の実質をまことに脆弱なものにしています。単なる博識以上の根強い思索力・判断力、および確かな技術にささえられた教養を必要とする日本の将来にとって、これは真剣に憂慮されなければならない事態であるといわなければなりません。

わたしたちの「講談社現代新書」は、この事態の克服を意図して計画されたものです。これによってわたしたちは、講壇からの天下りでもなく、単なる解説書でもない、もっぱら万人の魂に生ずる初発的かつ根本的な問題をとらえ、掘り起こし、手引きし、しかも最新の知識への展望を万人に確立させる書物を、新しく世の中に送り出したいと念願しています。

わたしたちは、創業以来民衆を対象とする啓蒙の仕事に専心してきた講談社にとって、これこそもっともふさわしい課題であり、伝統ある出版社としての義務でもあると考えているのです。

一九六四年四月　野間省一

心理・精神医学

哲学・思想I

哲学・思想Ⅱ

Ⓑ

文学

宗教

27 禅のすすめ——佐藤幸治

135 日蓮——久保田正文

217 道元入門——秋月龍珉

606 「般若心経」を読む——紀野一義

667 生命《いのち》あるすべてのものに　マザー・テレサ

698 神と仏——山折哲雄

997 空と無我——定方晟

1210 イスラームとは何か——小杉泰

1469 ヒンドゥー教　クシティ・モーハン・セーン 中川正生 訳

1609 一神教の誕生——加藤隆

1755 仏教発見！——西山厚

1988 入門 哲学としての仏教　竹村牧男

2100 ふしぎなキリスト教——橋爪大三郎 大澤真幸

2146 世界の陰謀論を読み解く——辻隆太朗

2159 古代オリエントの宗教　青木健

2220 仏教の真実——田上太秀

2241 科学vs.キリスト教——岡崎勝世

2293 善の根拠——南直哉

2333 輪廻転生——竹倉史人

2337 『臨済録』を読む——有馬頼底

2368 「日本人の神」入門——島田裕巳

自然科学・医学

1141 安楽死と尊厳死——保阪正康
1328 「複雑系」とは何か——吉永良正
1343 カンブリア紀の怪物たち サイモン・コンウェイ・モリス 松井孝典 監訳
1500 科学の現在を問う 村上陽一郎
1511 優生学と人間社会——米本昌平 松原洋子 橳島次郎 市野川容孝
1689 時間の分子生物学——粂和彦
1700 核兵器のしくみ——山田克哉
1706 新しいリハビリテーション 大川弥生
1786 数学的思考法——芳沢光雄
1805 人類進化の700万年 三井誠
1813 はじめての〈超ひも理論〉 川合光
1840 算数・数学が得意になる本 芳沢光雄
1861 〈勝負脳〉の鍛え方——林成之
1881 「生きている」を見つめる医療——中村桂子 山岸敦
1891 生物と無生物のあいだ 福岡伸一
1925 数学でつまずくのはなぜか 小島寛之
1929 脳のなかの身体——宮本省三
2000 世界は分けてもわからない 福岡伸一
2023 ロボットとは何か——石黒浩
2039 ソーシャルブレインズ入門 藤井直敬
2097 〈麻薬〉のすべて——船山信次
2122 量子力学の哲学——森田邦久
2166 化石の分子生物学——更科功
2191 DNA医学の最先端 大野典也
2204 森の力——宮脇昭
2219 宇宙はなぜこのような宇宙なのか——青木薫
2226 宇宙生物学で読み解く「人体」の不思議——吉田たかよし
2244 呼鈴の科学——吉田武
2262 生命誕生——中沢弘基
2265 SFを実現する——田中浩也
2268 生命のからくり——中屋敷均
2269 認知症を知る——飯島裕一
2292 認知症の「真実」——東田勉
2359 ウイルスは生きている 中屋敷均
2370 明日、機械がヒトになる 海猫沢めろん
2384 ゲノム編集とは何か 小林雅一
2395 不要なクスリ 無用な手術 富家孝
2434 生命に部分はない——A・キンブレル 福岡伸一 訳

趣味・芸術・スポーツ

日本語・日本文化

105 タテ社会の人間関係　中根千枝
293 日本人の意識構造——会田雄次
444 出雲神話——松前健
1193 漢字の字源——阿辻哲次
1200 外国語としての日本語——佐々木瑞枝
1239 武士道とエロス——氏家幹人
1262 「世間」とは何か——阿部謹也
1432 江戸の性風俗——氏家幹人
1448 日本人のしつけは衰退したか——広田照幸
1738 大人のための文章教室　清水義範
1943 なぜ日本人は学ばなくなったのか——齋藤孝
1960 女装と日本人——三橋順子
2006 「空気」と「世間」——鴻上尚史
2013 日本語という外国語　荒川洋平
2067 日本料理の贅沢——神田裕行
2092 新書　沖縄読本——下川裕治 仲村清司　著・編
2127 ラーメンと愛国——速水健朗
2173 日本人のための日本語文法入門——原沢伊都夫
2200 漢字雑談——高島俊男
2233 ユーミンの罪——酒井順子
2304 アイヌ学入門——瀬川拓郎
2309 クール・ジャパン!?　鴻上尚史
2391 げんきな日本論——橋爪大三郎 大澤真幸
2419 京都のおねだん——大野裕之
2440 山本七平の思想——東谷暁

P